武当大力擒拿手

阎 彬 编著

北京体育大学出版社

策划编辑：苏丽敏　吴海燕
责任编辑：秦德斌
责任校对：吴海燕
版式设计：李沙沙

图书在版编目（CIP）数据

武当大力擒拿手 / 阎彬编著. -- 北京 : 北京体育大学出版社, 2015.11（2023.11重印）
ISBN 978-7-5644-2146-5

Ⅰ. ①武… Ⅱ. ①阎… Ⅲ. ①武当太极拳－擒拿方法（体育）－基本知识 Ⅳ. ①G852.11②G852.4

中国版本图书馆CIP数据核字(2015)第288796号

武当大力擒拿手　　阎彬　编著

出版发行：北京体育大学出版社
地　　址：北京海淀区农大南路1号院2号楼2层办公B-212
邮　　编：100084
网　　址：http://cbs.bsu.edu.cn
发 行 部：010-62989320
邮 购 部：北京体育大学出版社读者服务部 010-62989432
印　　刷：三河市龙大印装有限公司
开　　本：710mm × 1000mm　1/16
成品尺寸：170mm × 240mm
印　　张：10.5
字　　数：226千字
版　　次：2016年1月第1版
印　　次：2023年11月第8次印刷
定　　价：30.00元

据传，武当派武术源起于宋代武当山丹士张三丰。

据黄百家《内家拳法》记载，武当派擒拿有三十六招秘传擒拿法。

经过历代的传承，武当擒拿逐渐完善，增演为三十六擒拿与三十六解脱。

武当擒拿，抓筋拿脉，控制关节，技法巧妙，威力强大。

武当派擒拿术，贵化不贵抗，顺势牵缠，反敌关节。

武当擒拿不但技法巧妙，而且特别重视功力，

抓、拿、捏、扣，出手似鹰爪捉物之锐利。

大力鹰爪功，武当派擒拿必修之功夫，双爪久练可具抓石成粉、撕树脱皮之威力，令敌胆寒。

武当内家拳，劲力内敛而不外露，暗藏杀机；
“穿拿拳”就是深蕴擒拿之妙的内家拳法代表。

目　录

第一章　武当秘传擒拿法

擒拿技术的动作复杂而多变，如何运招使法以克制对手，为历代修习者所探求的秘径。在这一章里，首先介绍各部擒拿手的运用，以便循序渐进，打好擒拿的基础。

擒拿手是一门近身防卫技术，它主以防御而后发制人。从擒拿手的技击特点看，在于巧制关节以擒伏对手，空手入白刃而巧夺亦为擒拿擅长。现从技击实战出发，有针对性地选取擒拿基本法，头部、颈部、肩部、肘部、腕部、掌指部、腿部擒拿法，分段分式逐一进行详解。

在这里所讲擒拿手实战运用法，侧重于各种招术的具体应用，不涉及进一步的破解。习者勤读多练，悉心揣摩要领，自能逐步掌握和运用这门绝技。

一、擒拿基本法

由于擒拿的主要技术都是在手部动作上体现，所以，为保证擒拿技法的细腻、准确，擒拿的基本手形、手法有严格的要求，动作过程的动态更得严谨。在这部分里，将手法分 9 个类型介绍其基本技法。

（一）拿指法

拿指的方法有多种。俗话说“十指连心”，一经擒拿，一点而牵制全身，动弹不得。抓住对方脆弱的手指，强行使其超过正常的活动范围，使对方产生剧痛，以达到将其擒获制服之目的。学会拿指法在擒拿术中还可为下一动作的运用创造条件。

1. 拇指缠握法

（1）当双方以顺拿手掌之势相握时（即握手状），对方动机不纯，我方先主动将拇指张开，其余四指伸直。如果对方仍有不轨，我方则迅速将拇指根节靠压住对方拇指根节外侧，并顶紧虎口，使拇指向里屈扣，再将中指（或食指）屈扣在

自己拇指末节上，两主力手指与虎口配合用力紧缠牢握对方拇指。（图 1－1）

（2）对方如有反抗或继续图谋，我方则以对方拇指根节为支点并下压，虎口向上顶，使对方拇指关节处于异常位置的极限上，并施以一定的力量镇住对方。（图 1－2）

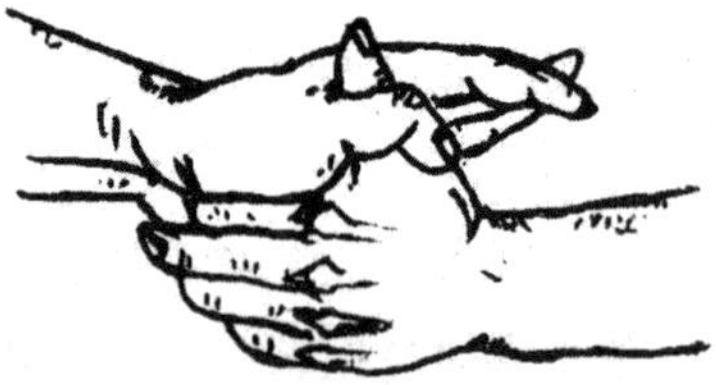

图 1－1

图 1－2

2. 食指撅缠法

（1）若对方用指戳来，能抓住对方食指，则如上缠拇指法同样扣其手指关节，先向前搬，再向下压并加拖，即能制服对手。（图 1－3）

（2）若对方是反掌击眼，我也可抓其食指，立即腕内旋，迫使对方掌心上翻。我再以食指中节顶住对方的掌指关节，拇指用劲下压并前推，向上扳腕，使对方疼痛难忍。再继续伸臂上挺，则可迫使对方因惧痛而踮起脚来受制于我。（图 1－4）

图 1－3

图 1－4

3. 坐腕撅小指法

在与对方握手之时，对方心怀不轨，我先反时针握其手反拧，无名指和小指同时扣住对方小指。一旦握紧其小指，立即变动，顺时针方向握翻对方的手腕，同时，用四指中节牢牢扣住对方小指的掌根关节，坐腕撅指，使其因惧痛而脚跟悬捏，失去反击能力而受制于我。(图1－5)

图1－5

4. 正压拇指法

(1) 对方左手抓握住我右手腕。(图1－6)

(2) 我方右手先由下向外再向上反穿，令对方虎口翻向下方。此时，我即可用左手的四指扣其手腕，拇指握对方拇指，用力对握，使对方产生剧痛而受制。(图1－7)

图1－6

图1－7（反向图）

（二）拿掌法

拿掌法，是运用一定的手法，拿制对方手掌某一部位，而产生牵制，使其疼痛或固定、控制对方手掌，以便进一步变招施制。

拿掌法手形主要根据人体手掌的特点，拇指尽量外张，弯屈指节，其余四指并拢，手掌及五指基节绷紧挺直，四指的末节起劲屈勾内扣，手形如钳。

（图1－8）

运用一定手法，拿制对方手掌的不同部位，分为手掌握法和指头扣法，基本手法有13种。

图1－8

1. 顺拿右掌背

（1）当对方以右掌背向我方扇击时，我方右反掌相迎，虎口向前，四指屈曲抓握对方拇指外侧，拇指握对方小指外侧掌棱，紧握其掌背。（图1－9）

（2）另一拿法是，对方右手成俯掌伸来，掌背向上；我以右手变八字掌向下，虎口向前，拿住对方右手掌背，食指内侧紧贴对方右手虎口，拇指扣紧其小指侧掌棱的根部，紧握其掌背。（图1－10）

图1－9

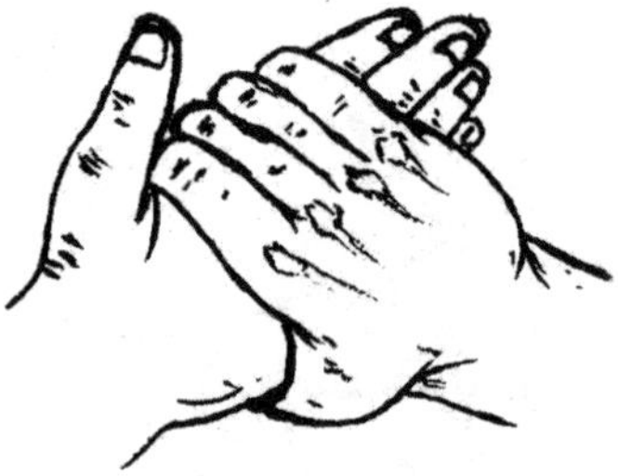

图1－10

2. 倒拿右掌背

对方右手成俯掌伸来，我以右手成八字掌，扣腕使虎口向内，掌尖向左，倒拿住对方右掌背。拇指紧扣对方右手虎口处食指根节，其余四指紧扣其小指侧掌棱，倒握紧其掌背。（图1－11）

3. 顺拿右手掌

对方以拇指向上成直掌向我插来，我以右手成直掌前迎，如同握手一样，就势拿住对方右掌，虎口对虎口握紧。若对方有方向变动，我方顺势相随，牢握对

方手掌，为下一步拿制动作作准备。（图 1 – 12）

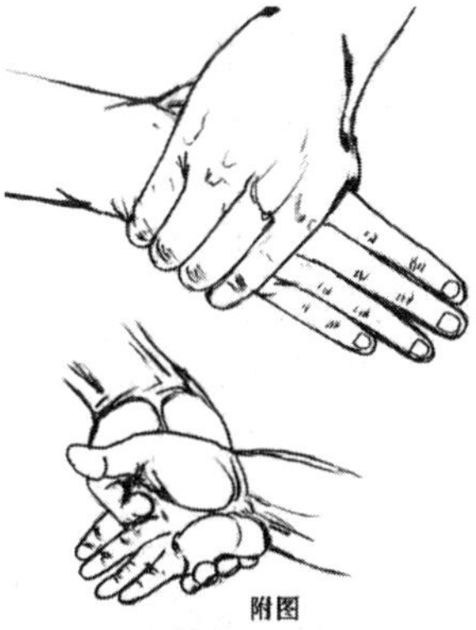

图 1 – 11

图 1 – 12

4. 倒拿右手掌

对方用右掌击我左脸部，我以右手成八字掌上迎，就势拿住对方右掌。小指侧缘紧贴对方右手虎口，拇指紧扣其小指根节，五指紧握其手掌。（图 1 – 13）

5. 反拿右手掌

对方用右掌向我脸部拍来，我即提肘举手以左手掌心向外上迎，反拿住对方手掌，拇指紧扣对方右掌小指侧掌根，其余四指紧扣其食指内侧掌缘。握紧来掌就势用力往外拧翻掌，使对方扭掌，掌心向上。我方压掌，掌心向下。（图 1 – 14）

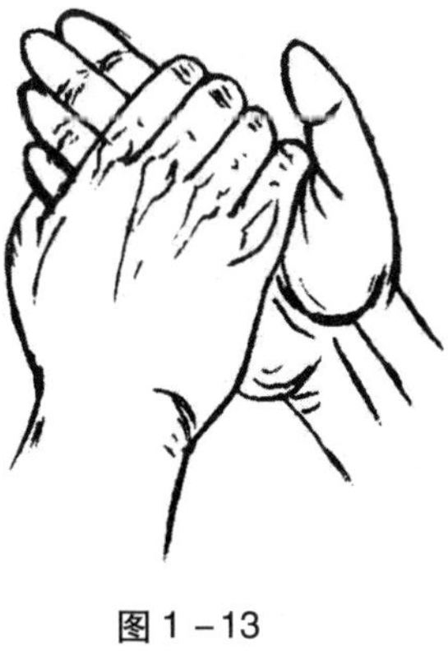

图 1 – 13

图 1 – 14

6. 顺拿左手掌

对方左手成俯掌伸来，我以右手变仰掌，虎口向上，顺势拿住对方左掌。拇指紧贴对方左手背小指侧掌根，其余四指扣其虎口处食指外侧缘，五指紧握其手掌。（图 1－15）

7. 倒拿左手掌

对方左手成俯掌伸来，我以右手仰掌使掌指外旋，虎口向外，小指侧缘向前，倒拿住对方左掌。拇指紧扣对方左手食指内侧，其余四指紧扣其小指侧掌缘背部，紧握其手掌。（图 1－16）

图 1－15

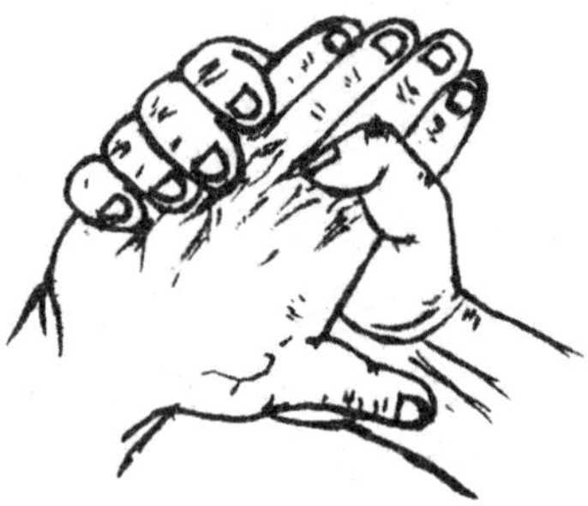

图 1－16

8. 反拿左手掌

对方用左掌击我右脸部，拇指侧向上；我以右手变八字掌内旋向上，使掌心向外，反拿住对方左掌。拇指紧扣对方左掌小指侧掌根，其余四指紧扣其食指内侧掌缘，五指紧握其左掌。（图 1－17）

这种反拿法与顺拿法两相对照，似乎手法一样，只是翻了个面，其实是截然不同的两种拿法、两种制法、两种效应，一定不可混淆。

9. 顺拿左手背

对方左手成俯掌伸来，我以右手变八字掌使掌心向下，虎口向前，顺势拿住对方左掌背。拇指紧扣其虎口，其余四指紧扣其小指侧掌缘。（图 1－18）

图1－17

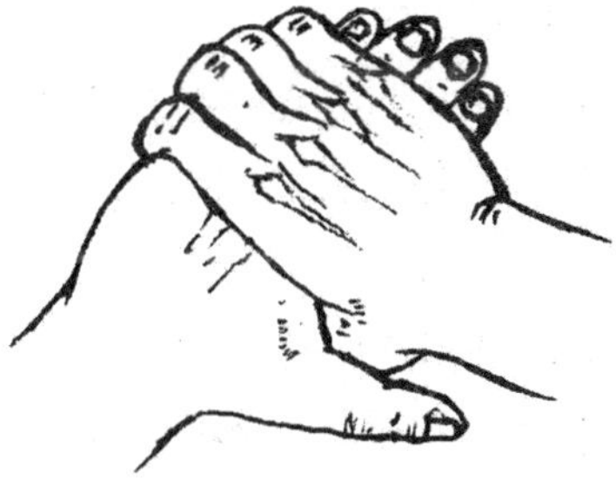

图1－18

10. 倒拿左掌背

对方左手成俯掌伸来，我以右手变八字掌扣腕使掌指向左，掌心向下，虎口向里，倒拿住对方左掌背。拇指紧扣其小指侧缘，其余四指紧扣其食指内侧掌骨。（图1－19）

上述10种拿掌手法，都可灵活使用，当对方手掌伸出，不论其掌的方位如何，皆可任意使用多种拿法，不必拘泥。

11. 扣拿掌

用右手拇指与食指、中指、无名指的指头反扣住对方左手拇指一侧的手掌，使拇指尖点按着对方左掌背第三与第四掌骨之间的缝隙（中渚穴），中间三指的指头，扣住其掌心（大鱼际）内缘。（图1－20）

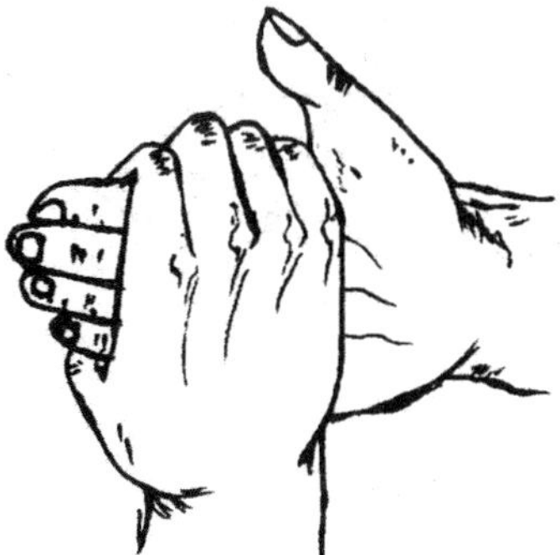

图1－19

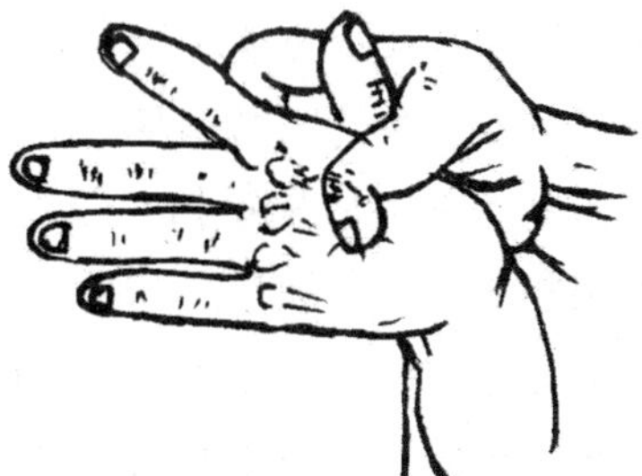

图1－20

12. 外别扣掌

用食指、中指、无名指及小指扣住对方掌心拇指大鱼际内缘，拇指扣压在对方掌背第四与第五骨之间缝隙。其余四指与拇指相对用力，形成拧扭对方手掌向外撇之势，使敌疼痛难忍无力反抗。（图1－21）

13. 内别扣掌

用食指、中指、无名指、小指扣住对方掌背拇指与食指之间的掌骨缝隙，虎口对其掌背，四指与拇指相对用力，拧扭对方手掌内别。（图1－22）

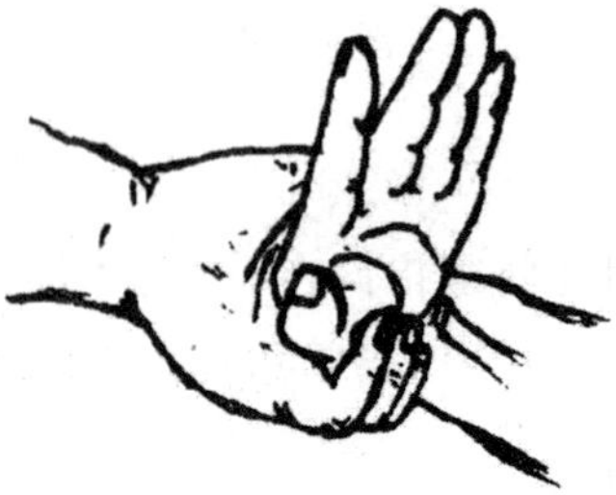

图1－21

图1－22

（三）抓腕法

五指屈握为抓。抓腕法也叫作刁捋法，就是使用一定的手法，抓拿对方击出的手腕。这里所说的“腕”，是指前臂前端与手腕的连接部位。由于手腕灵活，反应敏捷，因此，抓腕动作很重视技巧，不但要抓好部位，还要抓好方位，劲力适度，以利变化，方能产生拿制效果。否则，只是拼力硬抓，实无技法，乃擒拿所不取。

抓腕的基本手形是锁扣，即五指向掌心空屈拳，四指与拇指尖之间留缺口，掌心起窝。（图1－23）

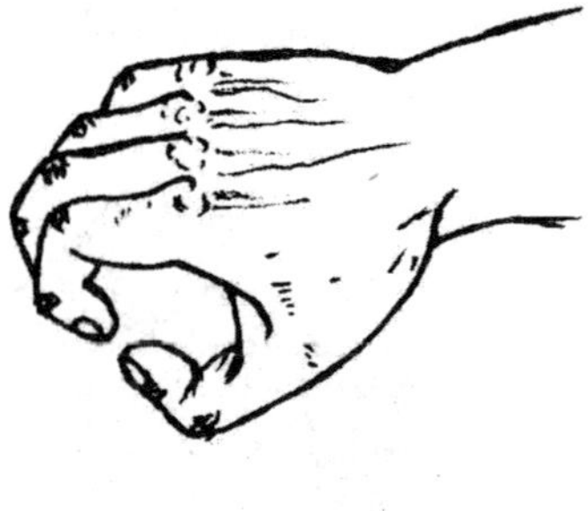

图1－23

手心对敌腕背，五根指尖合力掐腕内筋脉，控制牢固。掐抓筋脉可令对手麻痛酸软，不得用力，束手就擒。

1. 顺抓腕法

对方迎面来右拳，我方先以右手小指外侧接触对方手腕侧面；顺势搭腕牵带，小指和拇指屈抓探摸方位，其余手指紧接随抓，沉劲坐腕，力注虎口，拇指和中指、无名指掐其筋脉。(图1－24)

2. 倒抓腕法

对方右拳对胸击来，我即以左手变八字掌，屈肘向上，扣腕使虎口向右，从对方右拳腕外侧，抓住其右腕的背部及尺骨侧前端，虎口对准其尺腕关节。五指同抓，力在手掌，指尖掐压对方手腕内侧的筋脉或手背尺桡之间筋穴。(图1－25)

图1－24

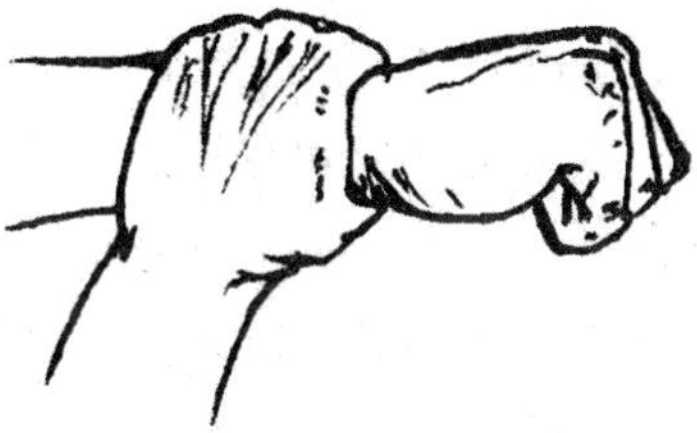

图1－25

3. 直抓腕法

对方向我中下盘击右拳，我顺势以右八字掌虎口先接触对方手腕背部，随即五根手指掐扣直接抓住，力贯虎口，拇指与中指合力掐扣筋脉。(图1－26)

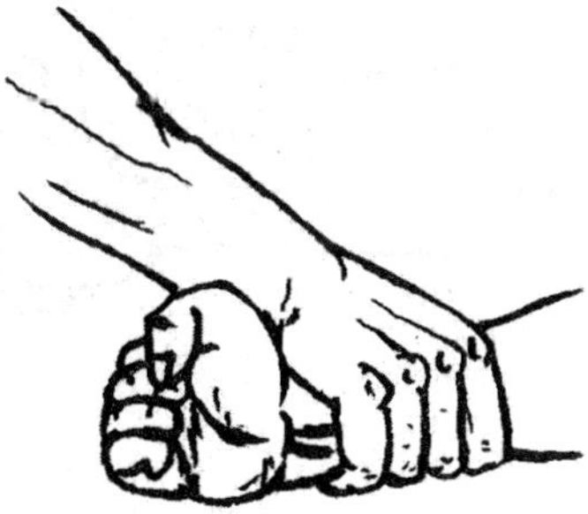

图1－26

抓腕法要点：上述三种抓腕法，都是假设对方出右拳直击我方胸腹，这只是为了更直观地介绍基本的抓腕方法。其实熟悉抓法后，不论对方击拳或击掌指，也不论对方是直来还是横来、斜来，皆可如法抓拿。抓腕时要搭手快速有力，搭上即扣，扣上就掐，掐了就要锁死（固定）。对方的击拳一般都比较猛，不宜硬抓，顺势抓腕可以化解来劲，缓冲直劲，同时也为自己掌握战机赢得时间。

抓腕法除上述3种外，还有其他抓法，但都以此为根基而另变招式，只要掌握了这3种最基本的抓腕手法，其他抓法就容易掌握和使用了。

（四）按握法

当自己的手腕、肩部、胸襟、头发等被对方抓住时，为了反制对方，必须用手先按握住对方抓握之手背，才利于变招反制。按握法是擒拿的一种重要辅助手法，其手形、所按部位、内劲运用都有严谨要求。

1. 腕上按握法

（1）当右拳腕被对方右手抓住，我欲使用缠腕法反制对方右手腕时，必须先用左窝心掌按握住对方抓腕的右掌背。（图1－27）

（2）按握的部位和方法是：以左窝心掌中指连掌心之直线为准，按住对方右掌背之背峰（四点一线，凸起的掌指根骨）。用掌心抵住其小指侧掌缘，四个指头紧扣其内侧掌缘，用拇指握住其掌指，使左手的小指侧缘横对其右手腕。左手的按握，需要被抓右腕上抬配合。如被对方倒抓手腕，我可迅速用另一只手反扣其拇指侧面鱼际处，进行缠旋。（图1－28）

图1－27

图1－28

2. 肩上按握法

（1）当左肩被对方右手抓住，欲用压肘法制服对方，先起右手抓握对方右掌背，配合拇指扣住对方合谷穴，其余四指扣住对方后溪穴部位，左手抓其腕部配合。（图 1－29）

（2）欲用压腕法反制对方，则先用右窝心掌在左肩头按握住对方抓肩的右掌背。（图 1－30）

图 1－29

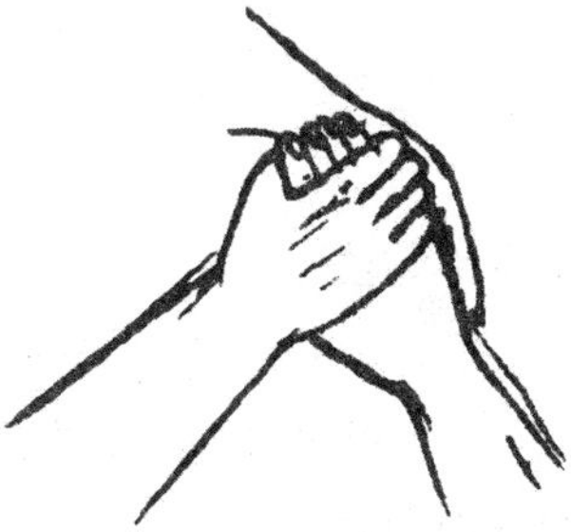

图 1－30

按握的部位和方法是：以中指为准，使掌心横按住对方右掌背之背峰，用掌指的四个指尖扣住其右掌的小指侧缘，拇指握其掌指，使窝心掌的根部压住对方食指内侧掌缘及拇指，用小指侧缘压住其腕背部位。

总而言之，按握法不论在任何部位都要按压紧，不让对方抓我之手脱走。如头部被抓，我可用双手抱握敌掌指牢压在自己头上，为下一动作制造条件。

（五）掌勾法

掌勾法是擒拿法的一种制敌手法，其特点是屈弯成勾手，以手掌的小指侧掌缘勾缠对方的腕部。运行方法是手成仰掌，极力向小指侧倾腕，并转腕向下外成弧，至外侧再转腕内倾成钩。（图 1－31 ~ 图 1－34）

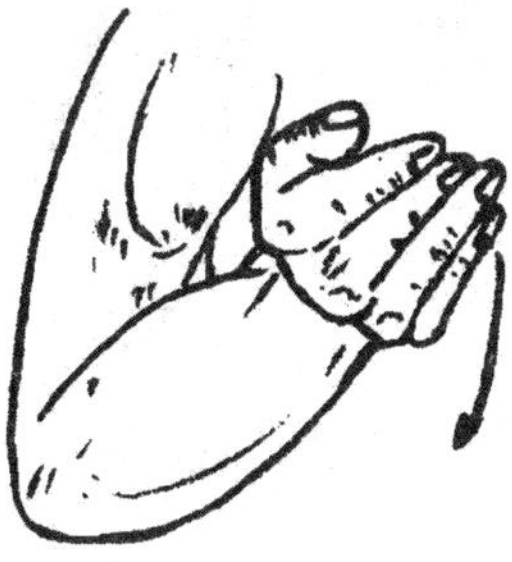

图 1－31

图 1－32

图 1－33

图 1－34

1. 举掌下勾法

右手先屈肘向上，接着屈腕使掌指向下，形成由上向下之勾手。配合别肘和托肘法，用以勾扳对方右手或左手前臂之腕部。（图 1－35）

2. 提掌上勾法

左手抬肘使掌指向下，屈腕反勾向上，形成由下向上之勾手，配合另一手拿掌，用以勾缠对方的掌腕。（图 1－36）

3. 平掌里勾法

右手在前成仰掌，屈腕变平勾手向里勾带。左手配合，用以勾切对方手腕。（图 1－37）

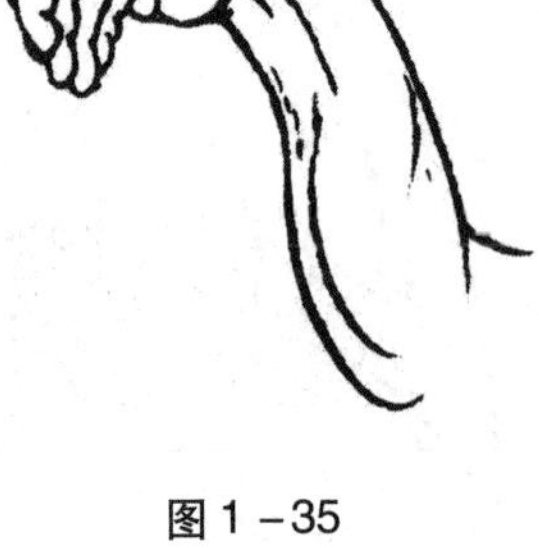
图 1－35

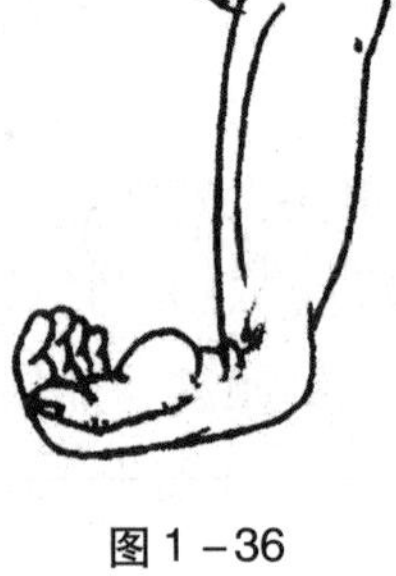
图 1－36

图 1－37

（六）指点法

指点法主要用于点按穴位，以增强擒拿攻击力。手法可分为并指点、分指点、拇指点数种，其手形如下。

1. 并指点

也称“金剪指”，食中二指并拢挺直，拇指与无名指、小指向掌心屈弯，或使拇指贴于后二指的指甲即成。（图 1－38）

此手法以中指头为主，用于点喉及其他死、麻、残、哑、痹穴。

2. 分指点

右手手背向上，食中二指分开挺直，拇指与无名指、小指向掌心屈弯即成。（图 1－39）

此手用两指头点击，专用于点击眼珠，也用于插鼻孔。

3. 拇指按点

右手由侧直八字掌变势，掌指并拢向掌心微屈使四指尖内扣，拇指头微向前点按，虎口平行向上即成。（图 1－40）

图 1－38

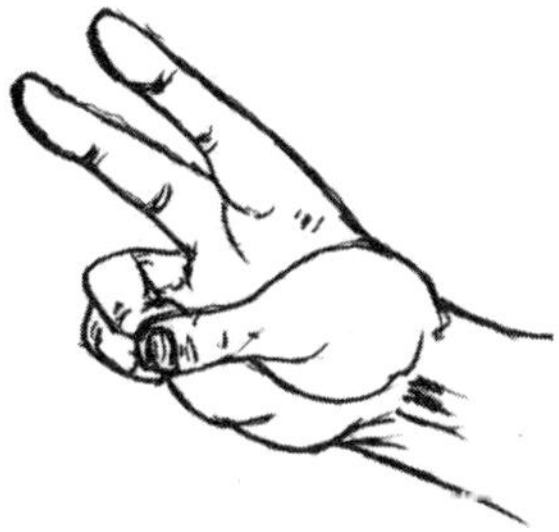

图 1－39

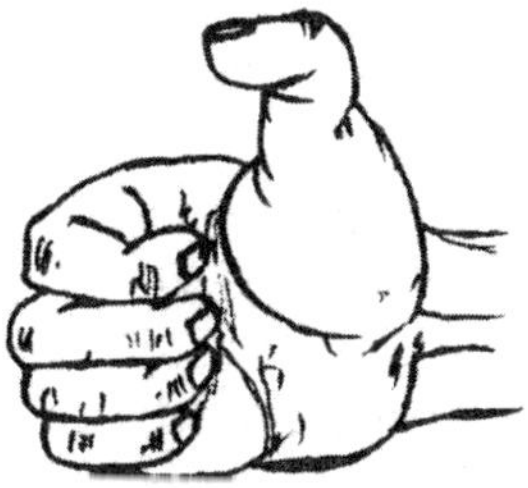

图 1－40

此手法用于点按对方面部迎香穴、颊车穴或咽喉等部。若点右鼻孔旁之迎香穴，则以掌指扣住其左腮部；若点右颊车穴，则以掌指扣住其左腮颊。点咽喉即用四指抓扣颈侧。

（七）掐喉法及卡喉法

掐喉，是用拇指和食指的指头掐捏对方喉管。卡喉，是用虎口卡截对方的前颈，其手形一正一反。

1. 扣指掐喉

右手由八字掌变式，使拇指和食指的指尖对扣成钳形。（图 1－41）

用于掐捏对方的喉管及两侧脉管。

2. 反手卡喉

右手由八字掌变势，外旋手心向上，虎口展开向前成叉形。（图 1－42）

用于卡托对方前颈及喉管。

（八）端耳法

右手拇指与食指的指头捏拢，用于揪捏对方左耳垂；中指伸直，用指头挑点对方左腮隙，其余二指向掌心卷屈，形同端着灯盏式样。（图 1－43）

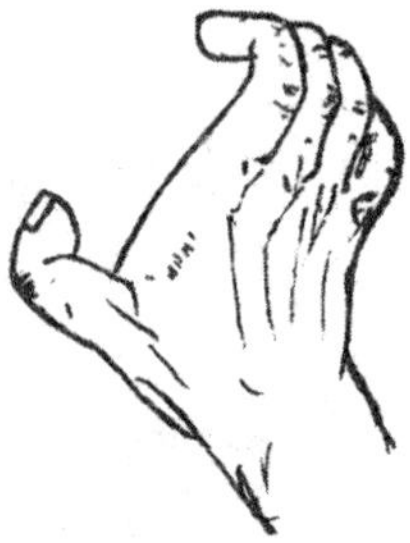

图 1－41

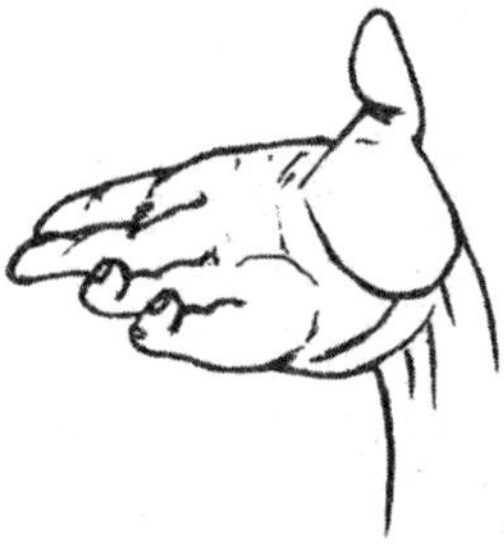

图 1－42

图 1－43

（九）扭头法

左右两手变成窝心掌，右手在上，手心向下；左手在下，手心向上；两手如抱球势相合而成。（图 1－44）

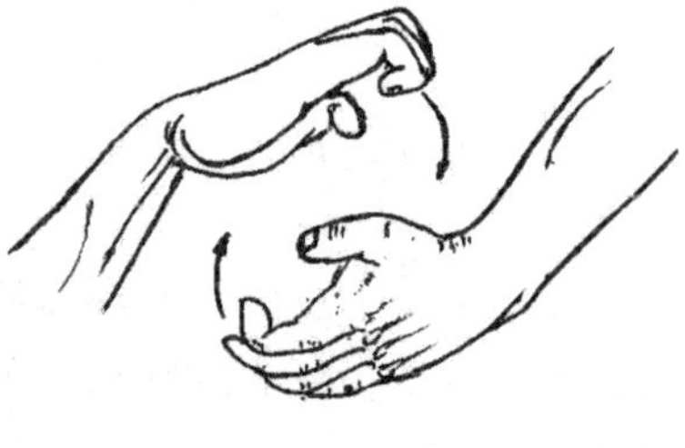

图 1－44

上面的手按头，下面的手托下颌及腮部，用以抱住对方头部以扭挫其颈椎关节。也可以用左手在上抱按住敌后脑勺，四指用力后扣，右手用掌托住敌右耳侧耳根腮帮，向前搓，两手同时用力，扭断敌颈椎关节。

二、头部擒拿法

头为一身之首，头圆顶天，为诸阳之会，为精髓之海，督脉交汇之处，统领一身之气，五官七窍明于外，大脑神经藏于内，经穴密布，震击则伤，是要害部位。所以，武林中公认头乃攻击之第一，人人均把击打敌方头部作为重要技击手段。在瞬息即变的剧烈搏斗之中，全赖目视耳听，大脑中枢明察暗度，善谋方略，审机策变。当头部受制，轻则被动异常，重则性命攸关。

然而，头部常被人严密防护，打击不但不易，擒拿直取更不易。通常情况只有在腰与腿被箍抱，敌人贴身，系安危于一瞬之间，且敌方两手不闲，撞头近身之际，才利于使用擒拿法予以拿制。在拿制头部时多用扣挖、扭拧其五官、颈椎、下颌等招。

（一）二龙戏珠

【用　法】

1. 敌我对峙。（图 1－45）

图 1－45

2. 敌方与我方均以右手搭腕交手。(图 1－46)

3. 敌方先以左掌直向上，从我右腕部下方向前穿出，格住我方右腕，并使左手内旋，拧腕翻掌，向上反抓住我方的右手腕。紧随右脚向前稍进，身躯迅疾下蹲，左手架住我右腕于头顶上方，右掌快速直下，反掌捞住我右脚跟，欲将我摔跌。(图 1－47)

图 1－46

图 1－47

4. 我方重心下沉，稳定身体，右掌倒拿敌方手腕外拉。同时，左掌按住敌方前额，食、中二指前伸，抠其双眼，用力后搬，迅速重伤敌人。如只需制服，就用二指抠挖鼻孔，或用手向后扯敌头发。(图 1－48)

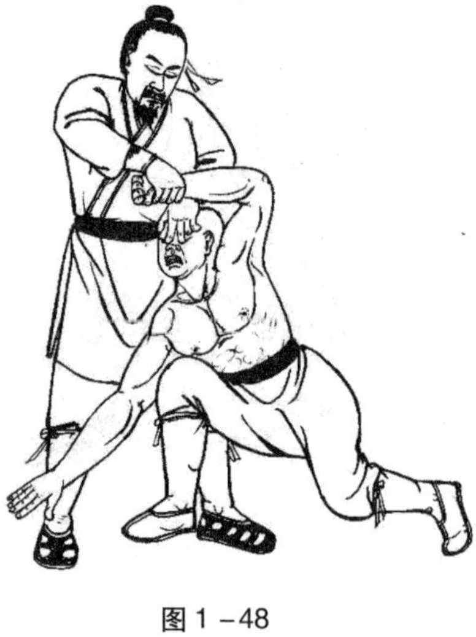

图 1－48

【要 领】

1. 二龙戏珠即是固手抠眼之法，这是一招残毒的招法，万不得已，不能抠眼，只能扯发和抠鼻孔。

2. 扯发向后，使其颈椎受压迫，头与手被交错牵拉，无法用劲而放弃攻击。

3. 本动作一般以扯发为宜，在关键和快速反应时候可以抠两鼻孔或眉棱骨、眼睛。抠鼻孔控制效果好，但准确性有时难以掌握，而抠眼睛固然容易，但较为残忍，非对敌生死之搏斗不可轻用。

（二）揉转太极

【用 法】

1. 敌我对峙。

2. 我方上进右步出右拳攻击敌方。敌方突然俯身，双手抱住我方跨出的右小腿，欲用肩抵撞我大腿，搬扛腿脚，将我摔跌。（图 1－49）

3. 我方右膝用力前弓步，双腿用力以稳重心。同时，右手按住敌方头顶，左手抠拿敌方的下颌腮部。双手上下交错用力扭拧敌方的头颈，迫使敌方松手而受制于我方。（图 1－50）

图 1－49

图 1－50

【要 领】

1. 揉转太极就是抠腮拧头之法。

2. 一般用力以头颈活动极限为威胁，迫使敌方放弃原先的进攻企图即可。

3. 若敌方依恃力大或在下盘的暂时得势而不松手，我方双手可逐渐加劲，直至敌方松手为止。

4. 当敌方钻裆抱腿时，身体重心下蹲非常关键，既可稳住自己，又可赢得时机抠拧敌方。但此招的使用要慎防敌方用口咬我方手指。

5. 扣拿腮、下巴时，宜用四指扣入下巴骨，拇指扣进腮部。遇敌方要张口咬手指时，不可惊慌松手，五指合力暗劲扣拿下颌骨即可化解。

（三）天师搓球

【用　法】

1. 敌我对峙。

2. 敌方右进步，低身，右腿伸进我方下盘，并挂住我方右脚。同时，两手抱住我腰部，并用头肩抵住我右胸部，迫使我方身躯失重，再左转身，臂抵顶我小腹欲抱起施摔。（图 1－51）

3. 我方速将右脚后移稳住重心，上体就其抱腰之势微向右拧转，左手按住敌方头顶左侧，右掌托顶其下颌右侧，使敌方无法发力。两手同时交错用力，将敌方头部向左扳转，以扭挫其颈椎关节，使敌方头颈疼痛难忍，被迫放开箍腰之手，被我方控制。（图 1－52）

图 1－51

图 1－52

【要 领】

1. 天师搓球即是用搓腮拧头法破解前箍腰动作，甚为得势得法，但是两手拿头的部位和脚步的支点都有一定的位置，不能搞错。手法和步位一乱，必然失势失法，将遭敌方所制。

2. 抱腰摔法一般须在抱腰后使对方双脚离地，通过改变悬空姿势再摔下地。反击时一方面不能让敌方把自己抱起离地，另一方面悬空时自己心中有数就能摆脱或破坏敌方的意图。

3. 敌方抱腰，头抵住我右胸，必须用左扭头法，才能得法破解，故使右手按头，左手扳腮。这样，扭头手法才得劲。

（四）道童搬墩

【用 法】

1. 敌我对峙。

2. 我方右拳击打敌方面部时，敌方用双手抓握我方双臂，肩扛、前俯，欲寻支点将我背摔。（图 1－53）

3. 我方放松身体下坠，令敌方无法施技。趁其微松手想变招之时，我方左手顺势向右环臂箍住敌方颈部后拉。敌方松手抓拉我方左手想解箍颈之危时，我方右手松出上提，扒住其前额及眉棱骨，双腿落地站稳沉身下坐。右手抠住敌方眉棱骨向后猛拉使其仰面朝天，我方左腿前弓膝，大腿紧紧抵住敌方臀部，将其控制住。（图 1－54）

图 1－53

图 1－54

【要 领】

1. 破解敌背摔之法，不管敌方用什么方式，抓双手、单手、斜摔等，均可用此招法破之。

2. 此势关键在于右手或左手抓头都要及时而快速，一旦得势，后面之方法便好实行。

3. 此势之中，敌方想变招时，不论先松哪只手，我方都要快速扒住敌前额往后拉，敌方另手一定会增援或解脱，我方须快速有力箍颈，并扳其额致仰面朝天，用膝抵顶，使其不能移步转身。

4. 如上步不当，抵顶不住，敌方换步变位，我方就要费事制伏了。

5. 在每一招的运用之中，要靠自己灵活掌握，审时度势，随机应变，不能拘泥。

三、颈部擒拿法

颈为人体呼吸之关要。颈部位于躯体之上，脊椎骨直立，上举头颅，下连躯干，前有喉结，后有“天柱”，两旁含动静脉血管，中为气管食道，脊髓神经穿椎体上达于脑，众多的重要机体组织聚集其间，各行其道，有条不紊，对外界刺激异常敏感，是人体要害部位。颈椎系神经运动中枢必经之道，故颈部遭到暴力打击或超生理极限的拧扭，都有可能致使颈椎错位或骨折，导致上、下身瘫痪。颈椎骨结构单薄，连带之关节较多，颈部看似粗壮，并无肥厚肌肉包裹于外层，虽可屈侧仰转，但活动幅度有限，属易制部位。头颈相连，扭头必挫颈，制颈则损头。所以，在擒拿中，头颈是同时被拿制。颈部拿制法多以缠颈锁喉、扭挫颈椎为主。

（一）白蟒缠珠

【用 法】

1. 敌我对峙。

2. 敌方右掌戳击我咽喉时。我速将身躯左闪，后退左脚一步，左手上提拍其右腕内侧，并抓腕后带。（图 1－55）

图 1－55

3. 右脚前逼。同时，右掌经敌方右颈侧直臂前探，身躯随势向右侧进逼，从而将敌方的右肘封住。(图 1－56)

4. 动作不停。右手沿着敌方的脖颈向下、向里环臂抱挟，并使右手在敌方颈下向左展伸，抓住敌方的右臂，再用左手抓住自己的右手腕，从而将敌方后脑及脖颈压在右后臂之下，形成紧箍之势。接着，身躯挺立，使缠颈之手上提收紧，以增强锁喉之威力，控制住敌方。(图 1－57)

图 1－56

图 1－57

【要　领】

1. 此为顺势缠颈锁喉法，动作简练，缠颈牢固，制敌效应强烈，易于得势上手。凡敌方顺步出手击来，皆可如法克制。然而凡是缠颈动作，势法皆凶狠，容易损伤咽喉，所以使用此法应掌握力度，视情而用。

2. 进身动作，手和脚要同时前进，若上下不一致，很难得势。右手前伸，右肘不可外扬，当右手伸过敌方右颈侧，就要使右手内旋向敌方左颈侧缠绕，这是连续动作，不能间歇。

3. 右手的缠颈的动作，肩、肘、腕关节都要放松，动作要快速灵活。连续缠住前颈后，应使右前臂桡骨向上，锁住敌方前颈。

4. 右手能抓住敌方右臂，锁颈势更牢；若不能抓住，就使右手握拳，猛然使劲上提。

（二）古藤缠树

图 1－58

【用　法】

1. 敌我对峙。

2. 我方欲出左手攻击时，敌方滑步进身用左手阻截住我方左前臂，右臂从我方脖颈后搂揽住我方右肩膀。（图 1－58）

3. 我方左转体面向敌方。同时，左手由下向后、向上、向下缠绕敌方右手臂，并上左脚插至敌方右脚后。（图 1－59）

4. 左手前伸，压住敌方前胸，搓过敌方面部，左臂反圈夹紧其颈部，左膝随势跪压敌方右小腿后侧，形成上下错劲。左手猛力缠旋，使敌方咽喉被我方左臂压制，造成呼吸困难，重心后失而受制于我。（图 1－60）

图 1－59

图 1－60

【要　领】

1. 古藤缠树即是反缠颈法，此招动作较为巧妙，是颈部擒拿法中最凶狠的一种方法，非常特殊，一般不宜使用。

2. 缠颈法一经得手，要立即松手，缠颈时间绝对不可多停，避免造成事故而伤人命。

3. 动作的关键在于我方转身面向敌方，并迅速缠绕手臂这一环节上。因为转身后敌方的手臂在我肩上揽着，如果我方不快速上手的话，敌方必然抽手，而使我无法上势。

4. 把敌方缠住，可控制其身手，甚至可以手臂下压先惊其神，为下一环节创造条件。如果敌方有反应，在我方缠绕时想回手，这就送来战机，应随势身体前趋，借势圈手缠颈，上下一气呵成，制敌于瞬间。

（三）道姑扳筝

【用　法】

1. 敌我对峙。

2. 敌方滑步进身，右拳击打我方面部。我方左闪身避过其拳，右臂横拦缠抱敌颈，右转身，左掌抵住敌方后腰。（图 1－61）

3. 接着，左手屈肘上举，按住敌方后脑。（图 1－62）

图 1－61

图 1－62

4. 动作不停。左掌按住其后脑不变，左肘微向下落，吐肩前送，按左颈侧的右掌背屈使前臂向前掤撑，使掌指向上，搭在左前臂向里的桡骨背上，从而形成对敌颈的前后夹击捆锁之势。以右手搭在左臂作为支点，右肘后收，以箍其前颈，

左掌前按以压其后脑，两手前后交错用力，勒其颈喉。（图 1－63）

5. 当捆锁敌方颈喉之后，为不过分伤害其身，又欲将其擒伏，随即将左掌放下，按住其左背。同时，左脚尖外摆，左腿屈膝，身躯随势左转，并使重心向左倾斜，右臂仍箍住其前颈向后捞带，使其身躯后仰。接着，用右脚踩击敌方左腿膝弯，控制住敌方。（图 1－64）

图 1－63

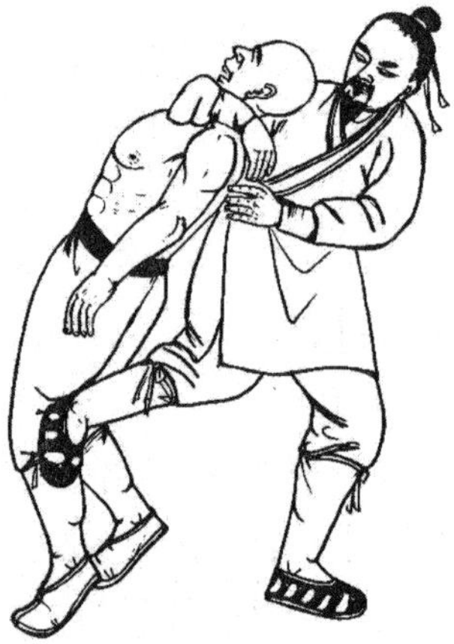

图 1－64

【要　领】

1. 身后缠颈，双手捆脖锁喉，其法最为残毒，非特殊情况不可用之。此招手法复杂，操练时注意掌握要领，控制力度，避免造成误伤。

2. 右手的缠颈动作，要求右臂的肩、肘、腕关节尽量伸展，使手尽量缠向敌方左颈后，利于随后同左手搭结形成捆锁。注意自身胸腹不宜与敌方背部正对，免遭敌方用屈身背摔，应以右脚插进敌方后裆，使身躯右侧紧贴敌方背部，左脚后立稳定重心。左掌横按敌方后脑，要五指分开按在敌方后脑上，而不是按在后颈上。

3. 关键手法在于，使缠颈之右手能顺当地搭在按脑的左手前臂上，搭结合适，缠脖得劲，否则势法松弛，敌方易变。只要右手四指头搭在右臂，势法顿显威力，制服敌人。

（四）旋转乾坤

【用　法】

1. 敌我对峙。

2. 敌方右拳向我面部打来。我方立即用左前臂由里向外格挡其右前臂腕部。（图 1－65）

3. 左手顺势抓握敌右手腕，右脚向敌右腿右后侧上步。同时，右手成八字掌扼推其喉部。（图 1－66）

4. 左手拉其右手腕，右腿别住敌方右小腿后侧，猛向左后旋身，双手配合用劲将敌方旋摔在地，并将其右肘别在我左腿膝关节部，右手掐住其咽喉，控制住对方。（图 1－67）

图 1－65

图 1－66

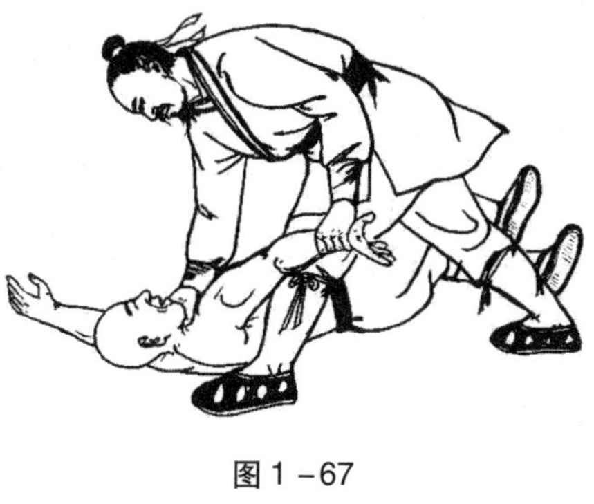

图 1－67

【要　领】

1. 此招擒摔并用，扼喉制敌，动作技术巧妙。格腕要及时，抓腕紧，扼喉绊腿协调有力。上右步要别住其右腿，不然敌换步移位，我再上手更难得势。

2. 整体要用一种螺旋轮转之力，上下一气，使敌重心全失而仰倒。别肘要有力，部位要准，扼喉要用脆劲，不用抓提。在敌倒地时用右手拇指压住其喉头，可使敌呼吸困难而休克。

3. 在一般情况下不需制敌于死地，可在扼喉倒地后，右手抓握其右肘关节回来，左手推其右手腕，使敌身体左侧翻，将其右臂别压住，同时用右膝跪其右肘部将其制服。

（五）张飞驯马

【用　法】

1. 敌我对峙。

2. 敌方用右手向我面部插来。我方右手前伸抓住其手掌，即向右横拉，随后向右后猛扯，同时，右脚向敌方右脚前上步。（图 1－68）

3. 左脚向敌方右后侧上一步，左前臂前伸环抱住敌方颈部，右手拉其右手腕，左膝前弓抵住其臀部，致其仰身。（图 1－69）

图 1－68

图 1－69

4. 上体右转，左腿别其右腿将其摔倒。（图 1－70）

5. 敌方仆地后，我方迅速骑压在敌腰臀部，右手抓握敌方右手腕向后拉反别，左前臂圈裹其颈喉上提，将其控制。（图 1－71）

图 1－70

图 1－71

【要　领】

1. 锁喉扳臂，其手法细腻而善于变化，关键在于绊腿拉腕旋身之法。圈臂缠颈要及时而有力，手随腰动，腰催手转，伸展回旋，圈臂上手得势，全身都不可僵硬。身手不灵，难用此法。

2. 在刚接手握掌得势后，必须手向一侧旋扯，使敌转身背对于我，我方缠颈上手方能得势。

3. 如旋转不了敌身，此势是很难得势的。一旦缠颈得势，左膝死死抵住其臀胯部，右手向后用力，缠颈后拉使敌上身后仰无着力点，此时才能为下一势的旋摔创造条件。

4. 一旦摔敌于地，两手不可松动，要继续着力，双手配合，拉手缠颈上提。敌方颈被重锁，呼吸困难，神情昏然，定难重生变故而受制于我。

四、肩部擒拿法

肩关节是上肢的根基，上肢动作的完成离不开肩关节的作用。所以，在静态下或动态过程中，对肩关节可以采用抓、按、掐、推等的攻击招法。由于肩关节系多轴关节，故此是人体活动范围最大的关节，能做内收、外展、前屈、后伸及旋转等运动，但正因为它活动范围大，又属典型的球窝关节，故也最易受伤，如遭强力左右拧转或向后扳动超过正常生理极限，就会脱臼或韧带撕裂。但肩关节周围肌肉厚实，手肘护卫于前，不容易拿。多为先制腕肘进而作用于肩，且以别肩、卸肩为主要招法。

（一）金乌仆地

【用　法】

1. 敌我对峙。

2. 敌方从正面用右勾拳或下插拳击向我腹部。我左臂迅速下沉，用左腕压挡其左前臂。（图 1－72）

图 1－72

3. 右手下插由敌方右后臂外侧，与左臂形成交剪势，剪击敌方右臂及肘关节。（图 1－73）

4. 右手上翻回拉其右肘关节，左前臂由敌方右前臂下穿过。右脚向右后侧插步，右后转身，将其右臂别住。（图 1－74）

图 1－73

图 1－74

5. 左腿向敌方右腿前上步，别绊其右小腿，将其摔倒。右手抓握其右手背，卷折其腕，左手猛压其右肩关节，使其剧痛或脱臼，将其控制于地。（图 1－75）

图 1－75

【要　领】

1. 运用杠杆原理制其肩关节，格压前臂要及时，插右手抓握捏其肘关节并后扳，左手上穿翻抓扣其肩，两手臂错力交叉，换动步法，绊腿下压，使其腕、肘、肩关节错位疼痛剧烈，下盘失去重心而跌仆。

2. 动作要协调，转体连贯、快速，不然敌方换位，以左手击我裆腹，我易失势而受反制。

（二）倒转阴阳

【用　法】

1. 敌我对峙。

2. 敌方用右掌向我面部击来。我则用右手上迎，使右手掌立于面部左侧拦格敌方右掌并内旋，拿住其右掌。（图 1－76）

3. 我方右脚上步，脚尖外摆，身躯随之右转，右手拿住其右掌外旋，扭掌向下，牵至腹部。同时，左掌向下，按住敌方右肘关节，从而控制其右臂，牵制其身躯。（图 1－77）

图 1－76

图 1－77

4. 动作不停。右手拿住其右掌继续外旋内拧，并向上端其掌腕，左手继续按住其肘关节，并向下拧压，两手交错用力拧扭其腕肘，使扭掌挫腕截肘之力作用于敌方右肩关节，迫使敌方勾腰伏地，从而将其右肩关节拉开。接着，我方用左膝从敌方右侧腋部向肱骨上端对着肩外跪压，使拧腕扯臂与膝跪肩相配合，利用上拉下压，把敌方右手反搭于我方左肩头向前推，左前臂狠压，致使其右肩关节卸脱。（图 1－78）

图 1－78

【要　领】

1. 倒转阴阳的“卸肩”法，即运用一定的招法，促使敌方肩关节脱臼。这是一种拧掌、封肘、膝撞肩的技法，动作精练。但对手法和内劲的运用，要求较高。若手法不准，步法不当，也不容易奏效。

2. 关键在于提膝撞肩动作比较难，要在敌方身躯刚下伏时用膝。用力不是直压，而要在压的同时，有一个摆动的挫力。旋身拉臂要快，膝一顶撞即及时与手配合下压，自身重心方能稳定。否则，稍有疏忽将被敌方所乘，慎之。

（三）马踏金鼎

【用　法】

1. 敌我对峙。

2. 敌方进右步，右拳击打我方面部。我方立即后撤退左脚一步，左手上迎，格推住其右腕内侧，顺势向外推，卸去其力。（图 1－79）

3. 动作不停。左手顺势屈指抓住敌方右腕部，上体微左转，使右手由下向前经敌方右肘下向上屈肘抄起，用右肘弯挎住敌方的右肘。（图 1－80）

4. 左手抓其右腕下拉前推，右臂猛劲上提。紧接着，左脚前移半步，进至敌方右脚后方，上体右转。顺右转之势，右手挎住敌方右肘向下方旋绕下压，使右手由屈肘上挎势内旋向右下直压敌方右肩背。（图 1－81）

5. 左手拿住其右腕，向其背后推扭，迫使敌方勾腰左转，右腿跪地，身躯下伏，从而将敌方右臂反折于背后，自身原地转向，变成位于敌方右后侧，胁迫其身后。当敌方右肘被反折，身躯刚下伏，左手仍反拿其右腕扭按在背后不松，右手继续别肘按肩，迫使敌方勾头贴地。再将别肘压肩之右手抽出，左脚从敌方被反折的右臂肘弯下踩进，用左脚掌踩住敌方的背后右肩腋，并使左腿前弓，别住敌方的右臂肘。（图 1－82）

图 1－79

图 1－80

图 1－81

图 1－82

6. 动作不停。左手拿住敌方反折于背后的右腕向下，按在踩肩的左腿上，使左腿前弓牢牢别住敌方的右臂肘，集全身重力于左腿，将敌方右肩及身躯踩压在地上。再将左手放开，身躯起立，右腿蹬撑，稳定自身重心，迫使敌方全身仆地不能动弹而束手受擒。(图1－83)

图1－83

【要　领】

1. 此招前为“锁臂拿肩法”，后为“踩肩锁臂法”，一招两势。因动作复杂，手法旋绕，细腻多变，故制敌效果奇特。以巧妙的手法，既不伤害敌方，又将对手彻底擒伏，实为擒拿之奇妙招法。

2. 凡敌方正面出手，不论是拳是掌，皆可如法克制。需踩肩则踩，不需踩肩者，用手法别制即可。

3. 见招接手，抓腕得手后，要迅速用右手上抄，挎住其右肘弯，将其右臂反折控住，这是接手的关键。控住了敌方右臂，就阻止了其变化，任我施制。

4. 挎住其右肘后，也不宜停顿，要转腰变动，使右手向下旋转下按，反折其臂肘，别住其肘肩。右手的别肘按肩动作，是一个向右、向下的旋绕手法，既要右转，又要下按，除手掌按其肩背，还要用指头扣住其肩井穴。如忽视了下按，敌方可上步转体，走化脱身。

5. 此势步法最为重要，就是在右手上抄挎肘时，右脚跟进从前面封住敌方右脚。只有封住了右脚，右手变势右转下按时，敌方右脚被封才不得不下伏。假如脚未封住，敌方被迫转向时，其右脚一上步，就走脱了后面的踩肩。所以，右腿后蹬，支点要稳，防止敌方滚动，习者多加操习，自能熟练掌握。

（四）盘龙绕柱

【用　法】

1. 敌我对峙。

2. 敌方进身，用右手抓住我锁骨或衣领。（图 1－84）

3. 我方抬左手按住其掌，身体左转，右脚上进一步，右臂上提，用右肩猛撞敌方腕关节，令其手臂上抬。（图 1－85）

图 1－84

图 1－85

4. 紧接着，我右手从敌方右腋下穿出，往上反挑其臂。随之身体右后转，向其身后靠，左手猛地往上反推其右臂，右膝前弓。（图 1－86）

5. 右手向下绕过敌方肩部，屈肘反缠其臂，左手握其右腕向其背侧推压，右肘勾住向上提拉敌方肩关节，使其疼痛难忍而被控制住。（图 1－87）

图 1－86

图 1－87

【要　领】

1. 裹臂旋肘提别肩法，是一种巧妙的肩部擒拿法。对抓胸、抓肩、抓腹也可使用此招。

2. 擒拿法重在固手缠肘臂和上步、轮轴转动的巧妙运用，如此不仅拿制威力强大，而且得势上手的机会很多。

3. 招中含有擒拿法和卸骨法，精彩而简明。用此法克敌，不论是什么情形下，只要抓住敌方手掌或手腕，采取上步穿臂旋绕提，均可制服敌人。

4. 缠势别肩时动作要迅速快脆，严防敌左手进击或移动步法而使我失去战机。

五、肘部擒拿法

肘关节居于手臂的中节，粗壮灵活，对护卫身躯和配合手动起着至关重要的作用。肘关节一方面本身活动的角度有限，易被拿制；另一方面肘关节前锋有手，如遇袭击，手可策应，身躯角度的调整可以缓解肘关节极限角度的不足。稍有迟疑，另一只手即予增援，会使施拿者陷入被动局面。所以在拿制肘关节时，必有先制手动作在先，亦可封死前锋，让敌方顾此失彼，二可牵制另一增援手，三可助敌方被拿制的手就势，最后攻击主要目标——肘关节，四可增强肘关节拿制的威力。肘关节一经制服，手臂顿失作用，防线崩溃，身躯即受威胁。

由于肘的生理构造的特点，很多种招法中都需要用腕指擒法来开路，方能事半功倍。并且因肘生理构造在整个手臂上所处的位置与腕部不同，故擒拿时的要点也不尽相同。其擒拿法的特点，多以制肘为主，实为肘腕兼制。

（一）白猿扳枝

【用　法】

1. 敌我对峙。

2. 敌方右脚前移步，左脚上步，左掌向我劈击而来。我迅速撤步转体；同时，右手屈肘绕向敌方拿住其来掌，旋拧扭转其掌腕。（图 1－88）

3. 趁敌方手腕被别疼痛之际，左脚上步于敌方左脚后侧别住，左手从敌方手肘下经外侧上抄，屈肘上勾，用肘内弯上顶敌方后臂。（图 1－89）

4. 动作不停。掌变勾手扣压在敌方被反折的前臂近腕端，勾手用力向下，肘向上抬，交错反别，扭折敌方肘关节，迫使敌方身体后仰，无法使劲，被我控制住。(图1-90)

图1-88

图1-89

图1-90

【要　领】

1. 白猿扳枝即扳腕别肘之法，是以杠杆原理使敌方的肘关节处于外别超极限状态，因疼痛被擒。

2. 别住敌方手臂时敌方必有反应，抽回手或主动外别相抗，这就给了我方抄手良机，上手后继续外别，并迅速勾手。扳手外别要快速、准确、有劲，脚插后别腿也是非常重要的，既含有跌法，又可增强制肘之威力。

3. 若使右脚进至敌方裆前，并不影响别肘手法，但未克其下盘，敌方脚步一变，手法即松，我易遭到反制。

（二）绞臂金锁

【用　法】

1. 敌我对峙。

2. 敌方左脚上步，用左拳向我方胸部打来。我方左脚向后撤退一步，含胸后坐；同时，用左腕外侧格住敌方击来之拳的左腕部外侧，右手附于左肘后策应。（图1－91）

图1－91

3. 紧接上势，右脚前移步，身躯随之逼进，右手就势前伸，屈肘环臂，使右前臂内旋横向压住敌方左肘弯，用左手掤腕将敌方的左腕及前臂向上架推，使其肘弯上折。（图1－92）

4. 动作不停。左脚上步插至敌方左腿后，别住其左腿；同时，左手掌内旋就势抓住敌方折起的左手腕继续下压，使敌方左手及前臂向外反折。配合左手下压动作，用压住敌方左肘之右手，乘势搭在自己下压其腕的左前臂上，从而锁住敌方反折的左腕，并压住其别住的左肘，再将上体前倾并微右转，迫使敌方身体后仰，并增加克制其腕关节的威力。（图1－93）

【要　领】

1. 这种肘部擒拿法，其特点是锁腕紧，别臂牢，压肘沉重，不易变解，而且实用范围较广，易于得势上手。凡遇出手击胸，皆可如法克制，但动作比较复杂，手法细腻。

2. 锁腕后的下压动作，是彻底制伏对手的妙招，但不能从正面下压。须知，两臂前掤，胸前空虚，而敌方之右肘峰又对着我前胸，若是正面下压，敌方右手虽已受制，仍可乘虚以肘撞胸，这是此处存在的漏洞，特予点明。

3. 虽有漏洞但只需含胸左转，不仅无懈可击，而且能增强克制力。

图 1－92

图 1－93

（三）银蛇绕梁

【用　法】

1. 敌我对峙。

2. 我方右拳进攻敌方面部。敌方左手扣住我方右腕，右手卡住我方咽喉。（图 1－94）

图 1－94

3. 我急用左手将敌方右掌封按，掌心向自己，四指扣敌方小指侧掌缘，拇指顶住敌方掌背虎口缝隙往外掰开。（图1－95）

4. 我方右脚插进敌方右脚外侧后面，敌方抓拿我方的左手必抽出增援，我方已解脱之右手随势屈肘举起，由上向下压住敌方肘内弯。（图1－96）

5. 动作不停。右前臂由敌方外侧向下、向里绕缠过敌方后臂，再向上乘势按压敌方胸部。敌方手臂的腕、肘、肩三大关节全部被拿制，动弹不得，身体被迫后仰，完全失去反抗能力。（图1－97）

图1－95

图1－96

图1－97

【要　领】

1. 银蛇绕梁是以夹腕缠肘的裹缠和杠杆原理克制敌方，令敌受控牢固，一经擒拿无法摆脱。如果敌方负隅顽抗，我方上下配合，还能令敌方失重后跌，重者手臂可骨折。

2. 由于本动作较复杂，而且需要身体的很好协调，是一种比较难得势的擒拿动作，如果某一环节有疏忽，敌方可乘机摆脱。所以上手时要求快捷准确，不可犹豫。缠绕时手要灵活，用下压肘惊动敌方神志，同时也可压迫敌方肘屈，便于下一环动作。

3. 缠绕到敌方前胸，即压胸向下，后臂上撬，另一手注意把敌方另一手掌扭曲控制好，否则敌方脱手，动作便落空。同时我方后臂要用劲把敌方被控之手臂在我腋下夹紧，提防其抽脱，这两点是这一动作成败的关键。

（四）青牛拧绳

【用　法】

1. 敌我对峙。

2. 敌方左脚撩阴，佯攻我方下盘，顺势落步进身用右手抓我胸襟或衣领。（图1－98）

3. 我方迅速用右手封按固定敌方右掌背，不让脱走。同时，身体向右侧猛拧，并用左后臂错劲撞击敌方肘关节，致其反关节而折伤。（图1－99）

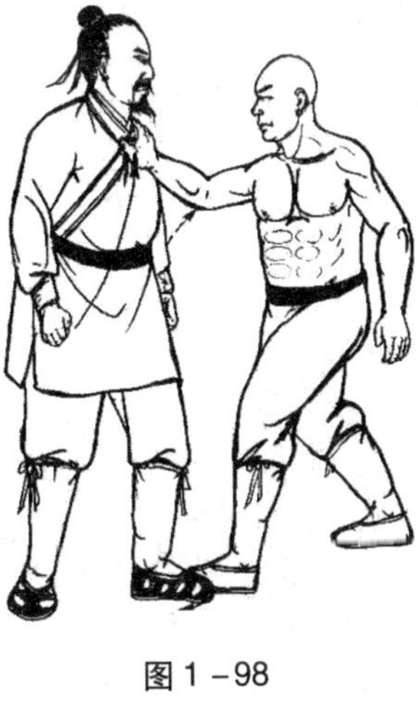

图1－98

图1－99

【要　领】

1. 青牛拧绳即拧身断肘法，是利用了肘关节的薄弱，我方拧腰转身力量大，后臂在转身时对准敌方肘关节猛劲撞击（如身体比较瘦小，可将手臂扩张）。

2. 我方在整个动作过程中轻松自然，动作完成得快速利落，给予敌方的创击严重。但这一动作只能在敌方手臂伸直的状态下才能上势，如果敌方手臂有弯曲，我方在封按后速向后错动，把敌方手臂拉直随即拧腰，不可迟疑。动作在敌方的手一到我胸襟即予施制，成功率更高。

3. 敌方如果是抓揪我衣领，只要在拧腰时将肩膀耸高便能撞击到敌方肘关节。重点在抓手牢，旋身快而有力，拉其臂伸直。

（五）道童端灯

【用 法】

1. 敌我对峙。

2. 敌方左脚上前一步，接近我方之际，左勾拳击打我方腹部。（图 1 – 100）

3. 我方右手向上抄抓敌方左手腕，收腹含胸，身体下沉，以拉远与敌方距离。（图 1 – 101）

4. 动作不停。我方左手从敌方左手臂下抄过，向胸前环抱，并使肘内弯抵住敌方肘关节，挺腹抬肘后仰身体，并稍右转体，反折敌方肘关节。敌方被挫肘关节而被迫就势踮足，我方得势将对方控制住。（图 1 – 102）

图 1 – 100

图 1 – 101

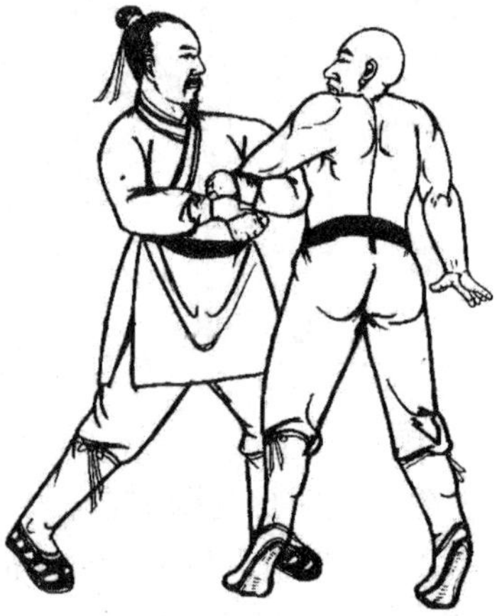

图 1 – 102

【要　领】

1. 道童端灯即是控腕端肘之法，此招杀伤力较大，只要我方上手后，仰身抬肘猛错，敌方肘关节必重伤。

2. 这一动作的关键是后退拉直敌方的手臂，制腕时双手配合，不让敌方在端肘时脱滑离开。

3. 腹部要挺，身体上撑稍转，以上撬的劲与旋拧劲结合，威力自然就大。

六、腕部擒拿法

腕部主要由桡尺远侧关节、桡腕关节和腕掌关节所组成。一个小小的腕部就由尺骨、桡骨、舟骨、月骨、三角骨、豌豆骨、大多角骨、小多角骨、头状骨和钩骨等多块小骨构成，骨与骨之间都是依靠韧带来结合的，故腕关节的活动范围很大，能做前屈、背伸、内收、外展和旋转等运动。但由于骨与骨之间完全靠韧带连接（此处肌肉很薄弱），故在外力压迫和暴力打击下，极易受伤；两相交手，手法当先，出手用招，掌和腕也首当其冲。腕关节近更易拿，一经擒拿被制，即失去还手能力，束手被擒，不得动弹。

（一）金丝缠腕

【用　法】

1. 敌我对峙。

2. 我方右脚上步，右拳击向敌方面部。敌方右手格挡顺势抓拿。（图 1－103）

图 1－103

3. 我方立即用左掌按握固定敌方右手背，拇指、中指、无名指合力握紧敌方抓握的手指，以防脱手。同时，右掌从敌方右手腕部尺骨侧向上翘起，并内旋使掌心向外屈腕缠绕，以小指领先，四指依次向下屈勾，用指头扣点在敌方被扭转的右腕尺骨背面，使小指侧掌缘切着敌方右手的尺腕关节，动作得势。（图 1－104）

4. 动作不停。含胸后坐，重心下沉，两手缠住敌方右腕超出其正常生理范围，致其韧带撕裂、脱臼，甚至骨折，迫其蹲下就擒。（图 1－105）

图 1－104

图 1－105

【要　领】

1. 缠丝手法的威力甚大，动作细腻，要求实施者有较好的体会和感觉，对动作要精熟，才能得心应手。

2. 整个动作有四个环节：一按、二顶、三翻、四切。按的时候需要牢牢固定，使双方的手连为一体。顶时要使敌方的手腕处于前屈状态，失去手腕的活性，腕背顶起。翻时快速缠搭，扣准方位。切时用掌缘、小指外缘向下切压。

3. 注意整个动作要以我为主，不可被敌方随意变动手位（或反拉），我方的手背与敌方的手背始终向上，不可侧动。如果不慎已动，应立即扳回，或随势跟动切压。

4. 动作的速度快而连贯，按掌动作要用击拍敌方掌背的方法以惊其神，缠腕动作冷疾脆重，四环节为一动，按掌拍击一声响，动作便完成。

5. 小缠丝似杠杆，以撬桡骨小头起作用，如用力稍重，可使桡骨断裂，因此实施拿制时应根据不同的要求用力为要。“纸上得来终觉浅，方知此事要躬行”，要真正掌握，一定得勤学、勤思、勤练。

（二）金蛇弄首

【用 法】

1. 敌我对峙。

2. 我方右手出击敌方中、下盘，被敌方左手顺势抓腕。（图 1－106）

3. 我方迅疾用左手按握敌方左手背，抓握固定其手，同时，右手张开，内旋坐腕，使掌指从敌方小指桡侧腕关节处向上翘起。（图 1－107）

4. 动作不停。右掌缠搭在敌方左腕前臂端，用小指侧掌缘勾切在敌方前臂背侧尺桡骨之间缝隙处，身体向后坐，上体前屈，敌方因手腕反扭折，疼痛不已，只得下伏被擒。（图 1－108）

图 1－106

图 1－107

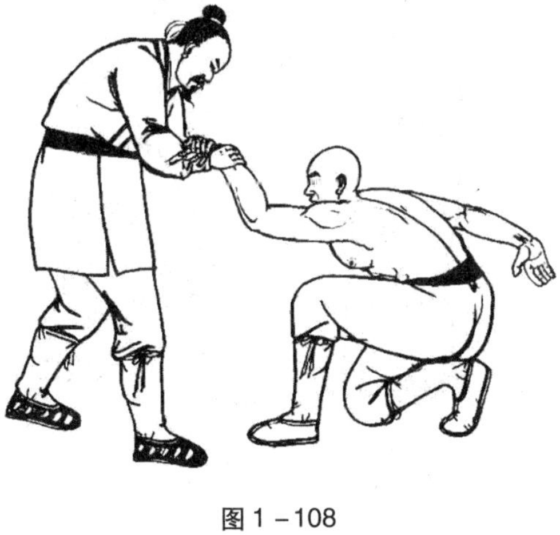

图 1－108

【要　领】

1. 这是一招常用的技术，实施拿制时动作要快速、准确，在切勾的同时，固定按握的手与被抓手配合相对用力反扭，克制力更强。如敌方仍有反抗之意，我方暗向前推催，使其手腕更为松动，重力切勾，如此交替进行，令敌方一次比一次更难受，自然屈服。

2. 如遇敌方力气较大，我方在缠搭手时须拧腕向前钻，在外旋、脱手（或半脱手）的状态才好缠搭上手。拧腕动作可形成一种杠杆撬动力、螺旋形的拧钻劲，在擒拿的很多动作中都有体现。

（三）牯牛背角

【用　法】

1. 敌我对峙。

2. 我方右脚上步，用右拳击打敌方面部。被敌方左手倒势抓握右手腕。（图1－109）

3. 我方右手向内下压，即用左手顺势抓拿敌方左掌腕背部，并暗向上顶，两手上下配合，给予固定控制。（图1－110）

图1－109

图1－110

4. 动作不停。右脚上步至敌方左脚后，两膝弯屈，重心下沉，双手合力牵拉敌方手到胸前。同时，右肘前移反压向敌方已被扭转的前臂上，迫使敌方下伏被控制。（图 1－111）

图 1－111

【要　领】

1. 牯牛背角运用屈肘压腕的原理，与金蛇弄首的勾手截腕原理一样，只是由于抓握的方法不同，而使切压方式有异。

2. 在反抓握敌方后牵拉回身前，有点像抱腕，牵拉时应用疾劲，使敌方反应不过来。而待敌方稍有醒觉要拉回手时，我方即向前推催，顺势压肘，敌方始终处在被动地位无法抗拒。

3. 下压时身体下坠并向异侧转身，可令敌方手腕的扭曲牵拉更为剧烈，只能下伏。

（四）白羊弄绳

【用　法】

1. 敌我对峙。

2. 我方右脚进步，用右掌击向敌方面部。被敌方用右掌抓握住。（图 1－112）

图 1－112

3. 我方不急于先动，敌方若强将我手掌下压成外别的话，其实等于向我送来战机（或我方主动示弱向外别）。此时我方手心向里扣。同时，另一手相助，速拉敌方手于腹前，迫使敌方抬肘、屈腕。（图 1－113）

4. 随之，左手向内穿过敌方肘内弯下，腕臂搭在敌方被屈的腕背上。同时，右脚进步，双手配合随势勾撬，下手上托，控制住敌方手腕。（图 1－114）

图 1－113

图 1－114

【要　领】

1. 白羊弄绳是利用超关节极限重挫敌方腕关节，使敌方俯首就擒。所以做动作时要注意体会是否已让敌方拧腕到了极限，并给予一定的超量，惊其神而施重招。

2. 勾撬时更需细心感觉，用力适当。在穿手过敌方肘时，不要在内弯处过，以防敌方以肘撞击胸部，并使动作散开。在这个时候注意听劲，敌方如有前推缓松时，我方应后退就势。勾手时要以小指掌侧向下勾紧，这一勾是动作成败的关键，要特别留神。

3. 由于屈腕是在超极限的状态下施以全身力量重劲，又被旋扭，疼痛难忍，必然迅速向下俯身，我方审时度式迅速转身退步，迫使敌方步法颠踬伏地。

（五）双蛇骚乌

【用 法】

1. 敌我对峙。

2. 敌方左脚进步，用左勾拳击打我方腹部。我方迅疾向后撤左脚一步，右手前抄接住敌方左拳。（图 1－115）

图 1－115

3. 暗劲前趋，手腕内扣，令敌方手腕处在内旋状态，随即上左步至敌方裆前，身体向左转。同时，左手在身前由下经外，从敌方前臂外侧向上，屈肘缠绕敌方前臂。我方缠绕手运至胸前，手心向下按住敌方手背，指头下勾，扣压敌方拇指侧手掌。上体拧腰，双手协同，随转体将敌方手掌向外旋拧，手指反折向里。敌方手腕被折，无力反抗，耸肩踮足而被制住。（图 1－116）

图 1－116

【要 领】

1 双蛇骚乌是利用屈腕使敌方腕关节外展到了极限，再施以另一手的杠杆勾撬助力，挫折敌方手腕而使其受擒。

2. 整个动作要求快速连贯，善于应变。如在开始时，敌方自恃力大或急于进取，用劲把我方手掌下压进招，这就等于送来战机，我方要快速很好地利用。因为敌方处在外展的手位，必然会向同侧转体或上步，这就为我方借势朝外旋拧敌方手腕创造了良机。

3. 在运用裹缠时仍需快速，到位后即向异侧拧身、屈腕，拉直敌方手臂。敌方一般会在我方屈肘缠绕裹手时发觉不妥，下意识向回抽，我方又可利用势力，屈腕勾手稍向后调整敌方直臂的程度便大功告成。

4. 这一动作可以完全借助敌方力的走向借势打势。时机掌握得好，用力甚小，对自恃力大者更是如此。

（六）犄角压枝

【用　法】

1. 敌我对峙。

2. 我方右脚上步，右拳打向敌方胸部。敌方左手抓住我右腕，右脚直逼我方裆前，右手抓住我方衣领并掐住咽喉，迫我左脚后退，身躯后仰。（图 1－117）

3. 我方立即将左手由下向上抓住敌方掐喉之右腕关节，手心紧贴其腕背，虎口对准其小指侧掌根处尺骨小头、腕关节横缝。得手后，右脚尖外摆，使上体含胸，脚步右转，同时，左手抓住敌方右腕顺转身之势外旋并控在胸前，迫使敌方身躯下伏。经此转变，被抓之手不解自脱。（图 1－118）

图 1－117

图 1－118

4. 左脚上步进至敌方右脚跟后，扣步关腿，以控制其下盘变化；同时，使左肘向前下压，用肘臂挟住其右臂，左手抓住敌方右腕继续向里拧转，并向上端提。右手再由下向上反抓住敌方已被扭转的右手虎口及掌指，对着小指侧尺骨拧扭推压，以增强挫腕之威力，从而控制住敌方。（图 1－119）

图 1－119

【要　领】

1. 此招是一个典型的腕部擒拿法。其动作就是单手抓腕，看来似乎简单，然而这种擒拿法克敌威力特强，适用范围很广，主克一切从正面击来的直臂前锋手。如抓发、拍面、掐喉、劈肩、击打胸腹以及匕首刺、单刀下劈等来招，皆可以此法克制，属擒拿法中绝妙招法，具有简捷奇效之特点。

2. 在抓腕得手后，要立即使左手外旋从而将敌方右腕向外反扭。在拧扭敌方右腕的同时，自身必须右转逼近，上面用左肘臂挟住敌方右肘臂，下面上左脚，扣住敌方在前的右小腿及足跟，迅速将敌方控制在下，此即本招克敌之关键。

3. 只有上面克住了敌方的右肘臂，才可制住其身躯，使拧腕动作产生威力。下面的锁腿动作，不仅是克腿防变，而且藏有跌法，本招法若不克腿，敌方步法一变，制腕手法将会落空。

4. 在控肘锁腿得势之后，左手继续拧扭敌方右腕的同时，上体要继续拧腰右转，并使左肩下沉重压其右肘，右手向上相助拧推其右腕，腕肘两处交错用力，使敌方右腕剧痛欲裂，完全丧力而受制于我。

（七）烈马扭缰

【用　法】

1. 敌我对峙。

2. 敌方左脚向我方裆部撩踢，逼退我方左脚之际，落步用左手揪住我方胸襟，

反扭并向上提。（图 1－120）

3. 我方迅疾用右手按握敌方左手，拇指插入敌方手掌背与我胸部之间，并顶住敌方无名指基节，其余四指扣拿敌方拇指掌心大鱼际。左手虎口向上抓握敌方腕关节。（图 1－121）

4. 我方身体向右侧屈体俯身向下；同时，双手合力向外扭别其手腕、手臂，并用左肘关节随势横击敌方头部，将敌方左手扭别至我方右膝关节以下，身体继续向后拧带，把敌方别摔在地而制住。（图 1－122）

图 1－120

图 1－121

图 1－122

【要　领】

1. 俯身搓背反腕是利用反扭腕关节、外别肘关节使敌方受制，并用击肘加强动作的打击力。

2. 由于我方全身力量运用到扭别上，敌方力量再大也无济于事。但我方上手时要快，双手同时上势，紧接扭别俯身，动作要完整一气。

3. 扭别时用力，与俯身配合好，以防对手跌摔时紧抓我衣服不放，或被敌方一齐拖拉倒地。

4. 这一动作在实践中，对单纯的扭别效果不大，有的对手关节柔韧性较好、反应快的，往往不容易一下子得势。所以一定要将敌方扭别至同侧腿膝盖以下，并带有随身体转动的旋劲，用力突然，一发即有势。

5. 敌方先被惊神，继而疼痛，最后被牵，失势摔倒在地。动作的成败关键在上手后的外别掌和扭腕，击肘主要作用是惊神，下俯身是继势，最后制伏敌方。

（八）鹞鹰翻翅

【用　法】

1. 敌我对峙。

2. 我方左拳击打敌方。敌方右闪身，伸出右手抓住我方右肩后，将我方身体拉转。（图 1－123）

3. 我方速退右脚半步，以缩短与敌方的距离。同时，左手迅速经胸前向右肩后扣拿住敌方掌背。（图 1－124）

图 1－123

图 1－124

4. 右臂上举，上体右转并屈膝下沉，右臂随势下劈，用后臂反截敌方抓肩手的前臂，敌方腕关节被扭曲而疼痛下跪。（图 1－125）

图 1－125

【要 领】

1. 鹞鹰翻翅也是利用敌方腕关节超极限的扭曲而得势的。

2. 敌方在抓到我方肩关节时，如果自恃力大，沉肘后拉我身体向后，这就送来了我方擒拿的良好战机。我方宜顺势后退并反抓敌方来手，敌方对于这些举动一般不会太注意，认为是本能动作，我方就是要利用敌方的疏忽实施突然拧身压手。

3. 动作的关键在于反抓敌方的手背，而且一定要抓紧，不给敌方滑脱的机会。压手动作要灵活快捷，抡臂后劈要迅猛有力，整个动作协调连贯，在敌方未反应过来时便要完成动作。否则敌方用劲抽手，甚至变招，我方更被动。只要反应敏捷，即使敌方脱手也可变招反击。

（九）麻姑拜寿

【用 法】

1. 敌我对峙。

2. 敌方左垫步，右脚弹踢我左前胫。我方退步之际被敌方用右手抓住头发。（图 1－126）

图 1－126

3. 我方迅速用左手虎口向上握住敌方手腕，以防扯拉头发。同时，用右掌按敌方右掌背，拇指顶敌方指背，其余四指扣小指侧掌缘。（图 1－127）

图 1－127

4. 动作不停。身体向右别掌扭臂，在敌方就势前趋时后退一步，并用左肘关节压敌方后臂。扣拿手不松，继续向右侧撇，通过控掌扭腕，重挫其右腕关节。（图 1－128）

图 1－128

【要　领】

1. 麻姑拜寿是一招颇有威力的反擒拿动作，也可运用到被抓胸、抓肩时的破解。

2. 使用此招，关键是要掌握好时机，当敌方手一抓住我头发，我方便要有所动作，稍有迟缓，局面难收。

3. 从战术意识角度上看，如被抓住头发应顺劲顺势，在随势中寻找战机，从而一扭即可。

（十）回头望月

图 1－129

【用 法】

1. 敌我对峙。

2. 敌方右脚向右闪步，左脚上前一步，左拳勾击我方腹部。我方见来势凶猛，紧急转身避闪之际，被敌方右手抓住脑后头发后拉，左掌顶住我后背，迫使我处于后仰状态，而无法使劲。（图 1－129）

3. 我方随势退后右脚半步，缩短与敌方的距离，身体下蹲并向右转身。同时，双手向上扣拿敌方手掌，拇指插入敌方掌心，四指握其拳背。（图 1－130）

4. 动作不停。身体继续向右转至与敌方相对时，即立身而起，双手配合背屈敌方手腕。敌方手腕反折，被迫左臂强直，两脚踮起，身躯悬浮，束手就擒。（图 1－131）

图 1－130

图 1－131

【要 领】

1. 回头望月是一借势动作。当敌方从后面扯拉我方头发时，借势退步不易被敌方发觉是动作的预备，因为人被后拉失去重心，很自然就要后退。趁这一时机，双手凭感觉扣拿敌方手掌并下降重心转身，稳住我方的阵脚，也为下动做好准备，同时也预防敌方反应及时用劲后扯。

2. 转头动作要快速灵活，一翻身便直体错动敌方手臂强直，头部此时可稍后倾，双手配合屈敌方手腕。敌方由于手腕的极度扭曲而束手就擒。

3. 敌方在后，若要知道是哪一只手抓我头发，一凭经验，二可在双手扣拿敌方手掌时感知，向小指一侧转头翻身即可。总之，一要反应敏捷，二要平时多练。

（十一）金蛇缠龟

【用 法】

1. 敌我对峙。

2. 敌方滑步向前，右手前伸抓住我方右肩。（图 1－132）

3. 我方迅疾上起右手按住敌方抓肩之右手背，四指头扣住其小指侧掌缘，并用掌根按住其虎口处食指掌骨。同时，左手屈肘从敌方右腕外侧举起，前臂举直，后臂抬平，肘尖高于左肩，使右手与左肩臂相合，控住敌方抓肩之右手。（图 1－133）

图 1－132

图 1－133

4. 动作不停。两腿屈膝使上体重心下沉后坐，并含胸微向右转。同时，右手按掌不松，左肘从敌方的右臂上向里、向下裹压，以带动左肩头前之后臂向内卷裹，使之裹压在敌方的右手尺侧腕关节上，运用上体后坐之沉劲，将敌方压跪在地。（图1－134）

图1－134

【要　领】

1. 此势是克制前抓肩最有效的方法，动作比较精细，主要靠身法的运用克制住对手，并非全靠左臂的压力。

2. 此招之所以具有强烈的克腕威力，全在于手法、身法与劲力的巧妙运用。裹腕下压动作，不只是一个简单的下压，此动作关键在于腰部和身法的协调运用。

3. 下压动作在于左肘引动后臂，而左肘向里向下的一动，是一个螺旋形的，肘尖切不可向里横过太多，要有向前下方伸压之势。与此同时，右肩要配合上体含胸下沉之势，向右后顺转。右肩向后，可使右手按紧敌方抓肩之右手后带；左肩前伸，可使左臂压腕之力增强。

4. 这是运用身法协调两手前后相分之技法，也就是擒拿法所讲究的“分筋错骨”法，这种分错，可使敌方接招即跪。

5. 运用此招，切不可硬着腰板，弓着脚步，横臂硬压，如此不但难以克敌，而且有被反制之险。

七、掌指部擒拿法

手指可以说是人体最薄弱的关节，神经末梢布满掌指，是由指深屈肌腱、指浅屈肌腱、指关节侧副韧带和指纤维鞘将各掌骨和指骨连接起来的。各指的运动幅度随不同个体而略有差异，手指虽然灵巧，但难以承受擒拿的拧扭挫折，且十指连心，一旦被拿疼痛难忍，全身失灵。不过手指短小而非常灵活，反应敏捷，不易被擒，也容易脱滑，是擒拿技术难以发挥的部位。所以，擒拿掌指不以主动抢夺，而应诱取或借势而制。

（一）负荆请罪

【用 法】

1. 敌我对峙。

2. 我方上进右脚一步，右掌插击敌方腹部。敌用右手接住，形成相互握手状，并紧紧扣握我方手掌示威。（图 1－135）

图 1－135

3. 我方趁敌方使劲下压时，立即松开五指，坐腕翘掌，拇指向里扣勾，缠压敌方拇指根节外侧。同时，中指、食指屈指内扣，压在自己拇指头上，从而紧缠敌方拇指。（图 1－136）

4. 动作不停。我方手掌内旋并向前下压，反关节折撬敌方拇指基部关节，剧烈的疼痛迫使敌方下跪。（图 1－137）

图 1－136

图 1－137

【要 领】

1. 负荆请罪即“握手屈指法”，其主要战术是借势打势，利用敌方使劲下压的形势，将其化为战机，通过手腕的转动，运用技术缠指得势，力量巧妙轻微，而敌方剧痛欲裂。

2. 本动作在实施过程中要向敌方迎劲，这是因为拇指比较短，顺劲容易滑脱，一旦缠住，敌方必然要抽脱，这时应随劲前趋，压指施制。

3. 假若敌方只用劲不下压的话，我方可主动坐腕立掌，就势屈指。从这种精细小巧的手法中，可以深刻领悟粘连绵随之要窍，体会擒拿手尚劲不斗拙力的根本法理。

（二）渔翁摇橹

【用　法】

1. 敌我对峙。

2. 敌方上左步，右手成掌（或指）直戳我方面部。我方左手上托扣住其右腕关节。（图 1－138）

图 1－138

3. 动作不停。右手从敌方腋下穿过，抓敌方右拳，五指抠敌拳心，向下用力，使其手掌、手指背屈并内旋。（图 1－139）

4. 我方用腋窝夹紧敌方肘弯，以防滑脱松散，用力下拉，使敌方手指反折疼痛而受制于我。（图 1－140）

图 1－139

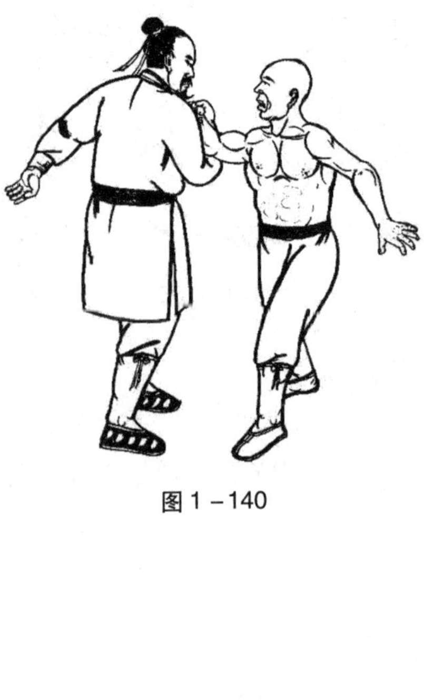

图 1－140

【要　领】

1. 渔翁摇橹是掌指均要施制的动作，在抓拿到手掌后敌方必会有反应，缩手反抗等于送给我方战机。应借势迅速外别并前趋避开敌方的最佳力矩。

2. 此时敌方突然被制会忙于就势缓和，我方趁机过腋穿手上行，换手抓拿敌方手指向内旋并背屈，换出的手可以助力于抓拿手，迫使敌方疼痛而踮起足跟悬身，束手就擒。

（三）霸王观阵

【用　法】

1. 敌我对峙。

2. 敌方前滑步，用右掌戳向我方面部。我左闪身，左手横向拿住敌方右掌。（图 1－141）

3. 左手拿住敌方右掌从下向前，作平面弧形旋推。同时，右手掐住敌方右肘从上向我左臂肘弯上牵带过来，使身躯左侧逼近敌方右侧，左脚前移扣住敌方右脚跟。我方左后臂紧紧压在敌方右后臂内侧，右掌仍按住敌方右肘不放。（图 1－142）

图 1－141

图 1－142

图 1－143

4. 紧随右手的控肘动作，左手拿住敌方右掌屈腕举起并控在左胸前，左手拿住敌方折腕之右掌，从而使敌方的右手腕、肘关节都被反折，左手在上拿住敌方屈腕向下的右手掌向内旋扭。同时，将右手松开上移，用右掌按住敌方已被拿住的右掌背，助劲下按，从而重折其掌腕关节，迫使敌方踮起足跟悬身而束手就擒。（图 1－143）

【要　领】

1. 此招方法得手容易，重点要掌握好得手后的控肘扭掌手法。旋绕拧扭动作比较复杂，只有掌握了这些要领，才有强烈的扭掌挫腕威力。

2. 扭掌时要使身躯逼紧，越逼得紧，扭掌越有威力。要注意此动作的拧掌，拧扭敌方的掌腕关要运用旋扭力，而不是直力硬握。

3. 用左手按住敌方左掌背，这是增强挫腕力，又可防止滑脱。

（四）银蛇缠柱

【用　法】

1. 敌我对峙。

2. 敌方用右掌向我方面部拍来。我速将身躯左闪，左脚向敌方右侧前进；同时，右掌屈肘向上，格挡于面前，掌腕内旋使掌心向外，小指侧掌缘向上，掌指向左，拇指向下展开，乘势用右手横向反拿住敌方拍来之右掌。（图 1－144）

图 1－144

图 1－145

3. 双方掌心反交叉相对，右手虎口向下，反拿住敌方右掌虎口处食指侧掌骨，四指头紧扣其小指侧掌缘，拇指握住其掌背。接着，落肘顺腕，扭住敌方右掌，右手反拿住敌方右掌向下旋拧牵带使其腕关节被扭而将身躯下伏。然后，左手向下按住敌方的右肘，以控制其右臂。（图 1－145）

4. 敌方在右掌被反拿，右臂腕、肘关节受控的情势下，先将右脚向左移进半步，脚尖里扣，左脚向身后退开，使身躯向左后翻转；在变步翻身的同时，左手握拳以拳背向身后直臂横甩击我头部。我方右手仍扭住其右掌不变，左掌前伸，虎口向上，截住敌方反甩来的左臂肘关节。（图 1－146）

5. 右手继续扭住敌方的右掌不松，左手接住其左肘后，就势托肘内旋，用左臂肘弯缠住其前颈，形成扭掌反跌势。至此只需压颈绷腿，即可将敌方反跌于地。（图 1－147）

图 1－146

图 1－147

【要　领】

1. 敌方右掌被反拿，右腕被拧扭，右臂受控，唯一可能的变化，只有左转翻身，甩拳反击和反臂锁喉。此动不但易防，而且就是要促使敌方转身出手，以便乘势再克其左手。

2. 有些扭掌手法，敌方被拿后转动身步，手腕即松，而此招敌方转身后，被扭在背后的右掌依然被扭得紧紧的，这就是拿掌的关键。

3. 这种反手拿掌法，得手并不难，但是，当敌方翻身反击后，迅速进身擒别敌方动作，上中下三路齐动，势法比较复杂。下盘反别其腿，中盘反格其左臂，上盘缠其颈，三路必须齐进，动作方显威力。三动中最关键的一动，是要将敌方翻身反击的左臂迅疾截住并压下，此动一成，势即得手。

4. 也可不制左臂，当敌方反击时，直接逼进身后别腿缠颈。总而言之，反拿掌超度扭旋，敌方始终是被动的。

八、腿部擒拿法

腿脚是人体赖以支撑平衡的肢体，由髋关节直至脚底，统称腿部。腿位居于下，支撑身躯之重心，腿部骨骼粗壮，肌肉丰厚有力，膝踝关节牢固，腿部关节活动幅度有很大局限，但各关节间协调运转，则可踢出多种强劲的腿法。擒拿制腿，多制动中之腿，制出击之腿，很少俯身下势直拿径取，而是在敌方出腿用招之际，乘势取腿，就势施制膝、踝关节。先控制一腿，而后谋取制胜。在擒拿法中，对于腿部的擒拿难度相对要比上肢各部大一些。在运用中多与摔跌之法合用，反关节或顺关节，使敌方重心失衡倒地的制服法最为多见。

（一）高祖拽蛇

【用　法】

1. 敌我对峙。

2. 敌方从正面直上，突发左腿蹬击我胸部。我方立即后移右步，以左臂下砸其左小腿前胫；同时，右臂由下向上屈肘抱住敌方左脚踝关节，左弓步将敌左腿抱控在怀中。（图 1－148）

图 1－148

3. 动作不停。右脚向左脚垫步，左脚向敌方右脚支撑腿进一步，并向后挂其足跟，右手抓踝，左臂夹膝，向右猛转身，用旋力将敌方摔跌。（图 1－149）

图 1－149

【要　领】

1. 与敌格斗，使用锁腿绊跌技术擒伏敌人，擒摔有机结合，是克敌制胜的有效手段。

2. 实战中，抓住敌方破绽，以绊摔术制之，具有简便易行、制敌快捷的特点。运用绊摔术，首先要注意时机的得当，其次要注意一“快”字，慢则易为敌制。

3. 实战中，不可拘泥于章法，只有在熟练掌握技术的基础上灵活应用乃至超常发挥，才能达到逢招化擒自如、还招踢打猛狠的境地。

4. 此招中闪身抓腿要恰到好处，抓握要牢，力点须准，上步绊腿与螺旋轮转之力须有机配合，方能跌敌于瞬间。敌倒后，利用扭腿踩挫敌任何部位，便能将其制服于地。

（二）倒拽虎尾

【用　法】

1. 敌我对峙。

2. 敌方左垫步，以右低踹腿踢击我方裆部。我速退左脚左闪避之，身躯下蹲；同时，右手向下勾挂敌方右脚跟后侧。（图 1－150）

图 1－150

3. 敌方在右踹腿落空、被我方挂腿的情势下，速将右腿收回，向左腿前大步跨过，扣步着地。我方趁敌方变步立足未稳，速将右脚横开，迫进敌方身后，俯身使右手前探，搂挂敌方撑在后面的左腿。（图 1 – 151）

4. 敌方在我进身后挂腿之际，落步转身起左腿摆踢我头面。我即顺着敌方转身之势，速将右脚后撤，身躯迅速向后闪让；同时，用右手紧跟敌方左腿随势向上，托住其小腿。（图 1 – 152）

图 1 – 151

图 1 – 152

5. 动作不停。左手虎口向上握住其左脚前掌，两手拿住敌方的左脚牢牢控在胸前。（图 1 – 153）

6. 右脚尖外摆，身躯右转，使左侧背对敌方，随转身之势，两手端住敌方的左脚向外扭挫，左手推压脚尖，右手扳扭脚跟，使敌方身躯向左倾斜。同时，左脚向敌方独立的右腿膝关节内侧蹬踹，从而将其扭跌在地。（图 1 – 154）

图 1 – 153

图 1 – 154

【要　领】

1. 此招系扭脚挫踝带蹬膝跌法，是腿部踝关节擒拿法的一种，用于破侧踹腿、后摆腿，比较顺势得法。

2. 敌方用侧踹腿踢我膝部，这种腿法比较主动，击点低，重心不悬，力量强，不易搂抱，一旦落空，易于走脱。我应以闪身用手反挂，只是格拦，不宜搂抱。

3. 我方从敌方身后俯身迫进拣腿，此动冒有一定风险。因为敌方蹬在后面的脚，显然藏有倒踢、反撩、回摆等腿法，然而只有逼进，才能冒险取势。好在我方所处位置比较主动，就是要趁敌方起腿之机顺势取腿。

4. 扭脚时，配合使用蹬膝一动是非常重要的。不加蹬膝动作，敌方可以一腿向左跳动，就形成僵持局面，若遇敌方腿技优者，可借势旋起用支撑脚踢我头部。只有加上蹬膝动作，方能将敌方跌倒。

5. 蹬腿与扭脚上下两动要同时进行，这是一种上下相分的扭挫劲，这类相分的劲力与方法，在擒拿法中使用颇多，在练习之时应多加体会和揣摩。

（三）天翻地覆

【用　法】

1. 敌我对峙。

2. 敌方右进步，用左腿向我面部蹬来。我方重心下沉，低身避过其腿锋芒，左脚向左前上步；同时，用右臂屈肘上举紧紧搂着其腿，不让敌方右腿下落，左手屈肘护身防敌拳击。（图 1－155）

3. 动作不停。我方左脚前移，重心下沉，左手从敌方裆下插入，前俯身，并用左臂搬住敌方右腿向后拉，右手搂敌方左脚上抬前推。（图 1－156）

图 1－155

图 1－156

4. 全身用力将敌方推到在地。同时，左膝下跪紧紧压住敌腿将其制服。如有必要的话，可膝跪敌裆致其重伤。（图 1－157）

【要　领】

1. 此招为抄扛扳腿具有代表性的方法，闪身上步抄腿要及时，抄住便及时扛在肩上，不能使其脱掉。

图 1－157

2. 让敌方独脚支撑身体，严防敌方用右拳攻击我头部，只要扛住其腿便迅速下蹲前俯搬腿。搬腿要猛狠，配合全身力量向前推出，不能给敌方留下喘息之机，一鼓作气将敌方推跌在地。

3. 当敌倒地后，动作力量不能减，应继续向前推力，搬压敌方左膝关节以致其折伤，或以击裆、刺喉等法制敌。

（四）扛梁推柱

【用　法】

1. 敌我对峙。

2. 敌方左垫步，右腿横踹向我方头面部。我方速后滑半步，将头部左闪避让；同时，左掌横拍敌方右腿。（图 1－158）

图 1－158

3. 右脚向前上步，左手屈肘抬起，端住敌方高踹之右小腿。同时，将身躯左转，绞步微蹲，左手内旋前撑，横撑住敌方胸膛，封住其上部。（图 1－159）

图 1－159

4. 动作不停。右脚里扣，身躯拧腰右转。同时，右手端住敌方右小腿随势上抬，将其脚跟扛在右肩上，右手内旋前伸，同左手由上向下抱住敌方右膝部。（图1－160）

5. 随即，左脚尖外展，身躯继续左转，顺转身之势，两手抱住敌方扛在肩上的右腿膝关节向外扭挫，使敌方身躯重心向右侧倾斜。配合扛腿挫膝之势，将右脚向后提起，用脚底向敌方左腿膝关节里侧猛劲后蹬，使敌方重心失衡而跌倒。（图1－161）

图1－160

图1－161

【要　领】

1. 此招系扛腿挫膝带跌法，与前面抄扛搬腿相近似，用此法破高踹腿十分得势。敌方高腿来，闪身动作宜小，进身速度要快，利于截腿取势。

2. 当敌方以右腿迎面踹来，头部一面左闪，同时，左手拦其左腿，不拦则不能抄腿。在身躯逼进的同时，右手要在高位抄腿，若让敌方右腿落下，即使抄住，也失去了反攻优势。

3. 当右手在高位抱住敌方右腿，还须左手前撑，封住敌方上部，此动既要控腿，又要控制敌方变化，并为转身挫腿做准备。

4. 而转身挫腿时，要用腰的拧转动力，一个转身动作，既要扛住敌方右腿，又要抱腿扭挫其髌膝，只有扛住了腿，挫腿才有力。挫力要作用于膝关节，故要抱住膝关节上的髌骨。

5. 后面的反蹬膝动作要同前面的扛腿挫膝动作协调一致。反蹬膝一动，可与上一招“天翻地覆”相互参阅，借鉴运用，达到临场制敌效果。

（五）道君捆虎

【用　法】

1. 敌我对峙。

2. 敌方右脚前移步，左腿向我方裆、腹部扫踢而来。我方迅疾收退左脚，左转体下沉，避过其腿踢。（图 1－162）

3. 不待其变，我方左手抄起其左脚。同时，右前臂由下向上挑挂其左小腿，左脚上步之际，将敌方左脚控在我方右胸及前肩。（图 1－163）

图 1－162

图 1－163

4. 左掌下压前推其臀部，乘其上体前仆，右掌下捞敌方右脚踝关节，两手用力将其别倒。乘敌方刚跌仆之机，左手将敌方左脚向上反折其膝，向右反压在敌方的右大腿上。（图 1－164）

图 1－164

5. 动作不停。左手压住敌方的左脚不松，右手将其右脚向上反提折膝，并向下对着其臀部反折下压，使右脚反压住左脚；同时，压住其大腿，从而形成交叉重叠反折捆膝之势。再将身躯起立，用左脚踩住敌方被反折过来的右脚面，压住其踝关节；此时，我方左腿蹬直立起，稳定重心，两手叉腰，将敌方控制在地。(图 1－165)

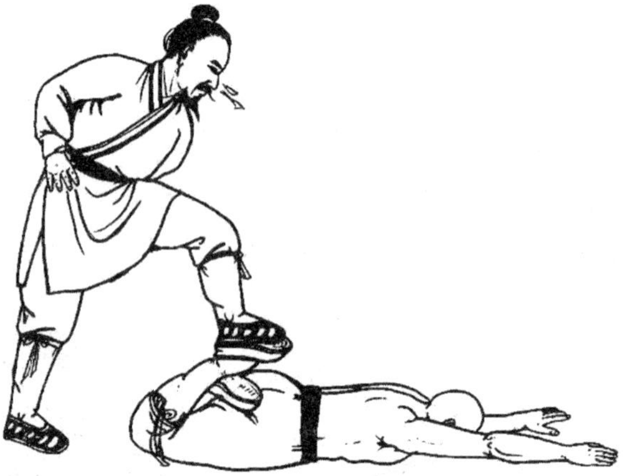

图 1－165

【要　领】

1. 此招系折膝压踝捆腿法，这是一个非常奇特的腿部擒拿法。这种拿腿法，在一定的情况下乘势使用，具有非常强烈的擒敌效果，一经拿制，敌方顿时失去反抗能力。其关键在先将敌方摔跌仆地，然后才可施以折膝捆腿法。

2. 这种跌仆法，主要是通过技法实现，使用折膝捆腿动作，在敌方刚仆倒重心前倾，脚还无反抗时，比较容易得势上手。但动作一定要快速，稍一迟缓，敌方身虽仆地，既可滚动，又可用两脚反抗，这样不仅难于克制，甚至有遭其反击的可能。

3. 折压敌方两腿，可不以左右的先后顺序，怎么顺势怎么用。

4. 此招使敌方右脚压左脚，一定要将敌方的左脚跟横向压在右大腿股下部，使脚面反向上，再将敌方右脚反折，使脚跟反压在左脚的脚面上。

5. 这种重叠折压法，压在踝关节，其力点则在膝弯。敌方之所以无力反抗，就因为两腿的膝踝关节均已受制。

九、擒拿化力法

所谓擒拿化力，就是运用我身体的各个部位和关节，配合各种可能的身法或步法，来改变对方擒拿时的用力方向，避开其正确的着力点，达到减轻或消除其擒拿效果的目的。

要想真正达到减轻或消除对方擒拿效果的目的，有效地保护自己的弱处，逃脱敌人对自己关节最佳着力点的控制，除了需要经常感受自己各关节最佳着力点的部位和方向、角度以外，还应掌握几种常用的化力及滑脱自卫方法。

擒拿中的化力有：腕化、肘化、肩化、腰胯化、步化和滚化。

（一）腕化法

腕的活动只有屈伸、外展、内收、上抬、下压，以及左右旋转等几种动作，怎样化为最妙呢？

这要看对方是怎样抓拿我的，但任其千变万化，有一点却不能变，就是对方抓我总得用手，而他用手抓又总是力分两边：一边是拇指用劲，一边是其余四指用劲。再则，拇指力量再大也没有其余四指加在一起的力量大。所以，要想滑脱，从拇指这边比较容易。

所谓腕化，也就是先从拇指这边做下压或旋转动作。这时，当对方感到我快滑落，必然在拇指这边加劲并随我动而动。此刻，我却突然改变用力方向，反卷对方之腕，他会因无准备而失利。我若仅想滑脱那就更容易了。可先从四指这边一转，当他从四指这边加力时，我却马上改变方向，轻而易举地就从拇指这边滑脱了。腕化的关键在于和对方斗技，他上我下，他下我亦转下，使他捉摸不定，掌握不牢，抓拿不死，无法下手。

另外，还需要注意用力的方向，我若直接从其拇指侧突围，大方向虽然对了，但由于我的右臂处于不好用劲的旋内状态，所以仍难成功。正确的方法应该是先拧臂转腕，将手翻到拳心正对我胸部方向，这时屈肘收腕才能获得最大的运动度和力度，处于这种好用力的方向，我再从其拇指侧突围极易成功。

综上所述，腕化的关键要从对方力量的薄弱处拇指侧突围，随时要创造一种最好使劲的势态，不论对方的握力多大，要想在对方的掌握之中，做些许微小的旋转都应该是不难办到的事，而恰恰正是这些许微小的转动，却可令我的手腕从不好用劲的不利状态转为好用劲的状态。

（二）肘化法（附：滚化法）

肘化法是在腕化的基础上加上滚化，如此，才能化开得干净利索。因此，必须先讲清楚什么是滚化，滚动的物体摩擦系数总是最小的。从擒拿术来说，手臂可以在袖筒里滚动，而使对方捉摸不定；皮肉和骨骼之间也还有活动的余地，也可使骨骼在皮肉中作小小的滚动。滚化正是在这些条件基础上产生的，以此化对方之力，避他之拿。滚化的关键在于使他捉摸不住，抓拿不稳我的关节，因而不能有效地加力于我的被动部位。

由于肘部特殊的生理构造和在手臂上所处的位置，因而决定了肘关节的运动幅度不可能太大，因此，在对方直接用手抓握我肘部或上臂时，一方面，可采用腕化时的拇指突围战术；另一方面则需用另一手协助拉腕，以解决肘部运动范围太小的不利。

另外，通过前面肘部擒拿的学习知道，肘关节所处位置有最易被擒拿的危险，位置包括上挺、前别、立肘后倒和垂肘后别等几种角度。因此，肘化的目的首先要避开危险的肘关节鹰嘴骨折，上挺、前别都容易发生这种情况，其次是要化掉对方对我立肘后倒和垂肘后别时的作用力。

现在，我们来分析一下立肘后倒和垂肘后别时的情形。肘关节的活动范围是：握拳收前臂能收 90°，再加上后臂向上收，基本可达一百多度，是肘部最大活动面。所以，正面加力对肘关节是不太容易擒拿的，而肘部侧旋只能转 45°，相对地说是能动角度最小的一面，但应该注意，肘内侧旋虽然只能转动 45°，而肩关节却还能带动后臂向外展 90°，这就成了直臂内收情形。所以，肘的内侧旋也不是最小能动角了。反过来说，自己的肘关节在以上几个角度遭到对方的外力作用时，只要善于运用身体的摆动或后臂运动的协助，即可加大肘部的活动范围。立肘后倒时，除了肘关节本身能转 45°以外，肩关节几乎不能帮忙，遭到对方向外侧的作用力，痛感最强。这时应在对方尚未对我关节造成损伤之时，首先利用前臂做旋内的滚动，再从对方控制区的间隙中伸展肘关节，从而增大我肘部的活动范围，化解对方的威胁。

被对方垂肘后别时擒住锁臂，也同样可利用这种原理，首先运用滚化的方法，腕关节旋外，使尺桡骨避开拧扭的状况，同时肩关节上耸并旋外，以解除肘关节被别锁的情况，这时再提肘并继续外旋腕关节，即可完全化解。

（三）肩化法

肩部相对于肘腕来讲，具有活动范围大、力量强的优势。因此，肩化主要也是利用对方不易直接掌握我的肩关节。施术时常从控制腕、臂、肘部来间接加力，即迫使我的腕、臂或肘的受力传于肩关节，从而迫使肩关节超出正常活动范围的特点，运用肩部的上耸、下沉、前后转动等微小动作，在对方的控制之间创造一定的间隙和空间，给肘、腕、臂造成可滚、可伸的机会，以利于肘化和腕化。

如对方反锁我臂，我可先运用肩部上耸并外旋的动作给肘腕创造间隙，然后手腕旋外，消除对方对我肘关节的威胁，然后屈肘反击夹其臂，并用另一手向上反托其的肘关节，这样，既化解了对方的威胁，又反擒了敌人。

（四）腰胯化与步化

此二法主要是运用腰胯的转动和步子的移动，来减小被控制关节的疼痛，给受威胁的部位和关节创造间隙，使我的各部关节避开对方的正确着力点，始终保持一定的运动自由度，以图相机反击。如对方擒拿我肘关节，我完全不需与其抗力，可以顺其力向左后突然转腰，使我之肘关节避开最佳着力点，然后左脚后插到对方侧后。这时我若在继续转身并用左肘击头，即可完全化解他的威胁。若对方仍拼命抓住我手不放，我还可用左手掌猛推其下颌，或反缠臂迫使对方松掉抓握之手。然后还可反擒之。

总而言之，不论是腕化、肘化、肩化，还是腰胯化、步法化，都离不开一个基本点，即利用一切可能的机会，创造活动间隙，以使我之各部关节始终保持在正常的活动范围之内。当然，要想真正达到这一目的，就必须在完全掌握以上介绍的各种原理的情况下，经常与同伴切磋、训练、试敌，方能熟练地掌握擒拿化力和滑脱技术。

第二章 武当秘传穿拿拳

穿拿拳属于武当擒拿拳法之一。穿拿，发无不中曰“穿”，拘捕敌人曰“拿”。

武当派的拳术与别派不一样，其练法与用法各是一回事，从表面上看拳法招势与技击完全没有关系，实不知，武当派是内家拳，内家讲究的是“内藏而不露”，练拳练的是“活法”。练到一定程度后，与敌交手，可随机应变，见招化招，遇势破势，千变万化全在一念之间。这套穿拿拳就是这样，从外观之，好似没有一招擒拿技法，只有潜心研练，运化娴熟之后，擒拿跌发，只是举手投足之事了。

一、穿拿开始

两脚跟靠紧，脚尖外展，成立正姿势。两臂垂于体侧，全身放松，呼吸自然。目视前方。（图 2－1）

二、鸷鸟敛翼

两腿屈膝略蹲，肘略后收。两掌坐腕，掌尖向前，掌心向下。目视右前方。（图 2－2）

三、移步右拦

右脚向右前移开半步，屈膝，左脚跟上，脚前掌虚点于右脚内侧成左丁步。同时，右掌向右前方拦出，高与肩平，坐腕竖掌，掌尖向上，掌心向右；左掌向右划置于右胁前侧，掌心向右掌尖向上，虎口贴右胁，臂微屈。目视右掌。（图 2－3）

四、跨步左挑

左脚向左侧跨一步，屈膝蹲立，右脚随之跟上，脚前掌点地于左脚内侧，成右丁步。同时，左掌向前上挑架掌于头额前上方，臂成环状，掌心向上，掌心含空，虎口对左额；右掌收护于右肋，掌心向上，掌尖斜向前下方。目视前方。（图2－4）

图2－1

图2－2

图2－3

图2－4

五、探囊取物

下盘姿势不变，重心略下沉。同时，右掌向前下方撩出，略低于右膝，掌心向前，掌尖向下；左掌架于头顶上方不变。目视右掌。（图2－5）

六、顺水推舟

右脚向右侧前方探出一步，成右弓步。同时，右掌绕膝向右后上提，变勾手护于右耳侧，勾尖向前，肘尖外展；上体右转之际，左掌向右前方推出，掌尖向上，高与肩平。目视左掌。（图2－6）

图2－5

图2－6

七、双刀斩蛟

左转体，面向正前方，两腿原地变成马步。同时，两手变拳，向外弧形一分之际，迅速向内剪臂于胸前，左外右内，拳心向里。目视前方。（图 2－7）

八、分路扬镳

马步不变。两拳变掌向左右一分，展臂成一字平肩势，坐腕竖掌，掌尖向上，掌心向外。目视前方。（图 2－8）

图 2－7

图 2－8

九、护脐单掠

左转体，左脚尖外展，重心移于左腿，成左弓步。同时，左掌下收护于腹前，掌心向里，掌尖向右，左前臂内侧内关穴部位贴住肚脐；右掌收至右肋侧时向左前方推出，掌高与鼻平，掌尖向上。目视右掌。（图 2－9）

十、上步发马

左脚尖略外撇，屈左膝，右脚向前上步，重心移于左腿，成右剪裆势（右虚步）。同时，右掌变勾手，向下反撩勾，置于右臀部后侧方，臂伸直，勾尖向上；

左掌向前上挑，环臂架掌于头额前上方，掌心向上，头右转。目视右侧方。（图2－10）

图2－9

图2－10

十一、转身凤拳

左掌下收，绕过左膝，上收握拳抱于左腰间，拳心向上；随之左转身，成左弓步。同时，右勾手变凤眼拳由右向面前横击，高与眉平，拳心向下，拳眼对面部。目视右拳。（图2－11）

注：凤眼拳，以拇指扣在食指甲上，食指第二骨节向前突出，拇指与食指扣成凤眼状，主要用来击打穴位，穿透性强。该拳左右手均可习练。

图2－11

十二、埋裆切膝

身体重心右移，右腿全蹲，左腿伸直成埋裆势（左仆步）。同时，右拳收回抱于腰间，拳心向上；左拳变掌经腹前向左膝前侧弧形切出，掌棱向前，掌心向下。目视左掌。(图2－12)

图2－12

十三、弹弓射雁

左脚尖外展，右腿蹬撑，重心移于左腿，成左弓步。同时，左掌向右收，护于右肋，掌心向下，掌尖向右；右拳随起身向前挑出，高与颌平，拳心向下，拳面略斜向前上方。目视右拳。(图2－13)

十四、上步发马

右脚向前方上一步，膝部略伸，身体重心落于左腿成右剪裆势（右虚步）。同时，右拳变勾手向右下侧反撩勾，置于右臀部后侧，勾尖向上，臂略伸直；左掌向前上挑起，架掌于额前上方，臂略屈，掌尖向上，掌心向前。目视右下方。(图2－14)

图2－13

图2－14

十五、转身伏虎

身体向左后转，左右脚随身拈转，右腿蹬撑，重心移于左腿成左弓步。同时，左掌向下绕过左膝，上挑架掌于头额前上方，掌心向上，臂略成环状，掌尖向右斜上方；右勾手变掌向前下撩出捺掌（即掌根发力），掌尖向左前方，掌心斜向前下方，高与肚脐平。目视右掌。（图 2－15）

图 2－15

十六、双勾独立

身体重心移于右腿，独立支撑身体，左腿屈膝提起，脚面绷直，脚尖向下。同时，左掌变勾手下落护于裆前，指尖向左大腿内侧；右掌变勾手上提，护于头部右侧方，勾尖向下。目视左前方。（图 2－16）

十七、进步双封

左脚落步，右脚向前方上一步，屈膝蹲成侧马裆（即马步）。同时，两勾手变掌，收至肋侧时，向右前方推出，掌尖向上，掌心向前；左掌护于右肘弯内侧。目视右掌。（图 2－17）

图 2－16

图 2－17

十八、进步翻掌

图 2－18

右脚拈步（即脚尖外展），左脚向前上进一步，成左弓步。同时，右掌变勾手向体后反撩出，置于右臀部后侧方，勾尖向上，臂略伸直；左掌由右腋下以掌背为力点向前扫出，掌尖向前，虎口向上，高与鼻平，臂伸直。目视左掌。（图 2－18）

十九、悬崖勒马

身体重心移于右腿，左脚内收半步，悬跟，脚前掌点地成左虚步。同时，右勾手由下绕至腹前成拳，拳眼向里，拳面斜向上方，右肘贴于右肋部；左掌变拳内收，屈肘立于左前侧方，高与肩平，拳面向上，肘尖向下。目视前方。（图 2－19）

二十、行步双封

左脚向前进半步，右脚跟步，屈膝蹲成左侧马裆（即马步）。同时，两拳随进步变掌向前推出，掌尖向上，左掌高与鼻平，臂部略屈；右掌置于左肘弯内侧。目视左前方。（图 2－20）

图 2－19

图 2－20

二十一、转身翻掌

1. 向右后转体，左脚向右侧前方盖步。同时，左掌沿右臂下盖，变勾手向左臀部后侧反撩出，勾尖向上；右掌变拳藏于左腋下，上体略向前倾。目视前方。（图 2－21）

2. 右脚向前进一大步，屈膝前蹲成右弓步。同时，右拳变掌，以掌背为力点向前横扫出，高与头额平，掌尖斜向前上方，虎口向上；左勾手不变。目视右掌。（图 2－22）

图 2－21

二十二、悬崖勒马

身体重心移于左腿，屈膝下蹲，右脚向内收半步，成右虚步。同时，左勾手由下绕至腹前成掌，护于右肋前侧，掌心向下，掌尖向右斜上方；右掌变拳屈肘下收，立于右前侧方，高与胸平，拳面向上。目视前方。（图 2－23）

图 2－22

图 2－23

二十三、行步双封

右脚向前进半步，左脚跟步，屈膝蹲成右侧马裆（即马步）。同时，右拳变掌，与左掌向前推出，右掌在前，高与鼻平，掌尖向上，掌心向前；左掌护于右肘弯内侧。目视右掌。（图 2－24）

二十四、转身双推

左转体，两脚扭步，右腿蹬撑成左弓步。同时，两掌随转身向左前方推出，高与腹平，虎口向上，两掌心相对，右掌在前，左掌在后。目视右掌。（图 2－25）

图 2－24

图 2－25

二十五、拨云见日

1. 两掌由左向右一摩，握拳屈肘立于身前，拳面向上。同时，右脚向前上方踢出，勾紧脚尖，脚跟向上，高与头额平。（图 2－26）

图 2－26

2. 右脚向后收落步，左脚跳进一步，成左弓步。同时，左拳收抱于左肋前侧，肘尖向后拉，拳心向上；右拳变掌向前推出，掌尖向上，掌心向前，高与鼻平。目视右掌。（图 2－27）

图 2－27

二十六、跳步擒拿

两脚蹬地同时跳起，身体右后转，左脚落步屈膝前蹲，右脚向后落步蹬撑，成左弓步。同时，左拳变掌沿右腕一洗，收回抱拳于左肋前侧，拳心向上；右掌随落步向前推出，坐腕竖掌，掌尖向上，高与鼻平。目视右掌。（图 2－28）

二十七、收步左掌

右腿原地屈膝，左脚向内收半步，脚尖点地成左丁步。同时，右掌变拳收抱于肋侧，拳心向上；左拳变掌向前推出，掌尖向上，高与鼻平，臂略伸直。目视左掌。（图 2－29）

图 2－28

图 2－29

二十八、上步右掌

左脚跟落地，右脚向前方上一步，屈膝成右弓步。同时，左掌变拳收抱于左胁前侧，拳心向上；右拳变掌向前推出，高与颌平，掌尖向上。目视右掌。（图2－30）

图2－30

二十九、风起云飞

两脚同时跳起，左脚向前落步，右脚在后落步，重心落于右腿，屈膝蹲成左虚步。同时，右掌由左向右绕一圈，经左腋下向前发出，掌尖向上，高与鼻平；左拳由左向右沿右臂划下，变勾手向左臀部后侧方反撩出，勾尖向上，臂略伸直。目视前方。（图2－31）

三十、上步发马

右掌下落变勾手，向右臀部后侧反撩出，勾尖向上，臂略伸直；左勾手变掌向上挑，架臂亮掌于头额前上方，臂部略屈，掌尖斜向上方。同时，右脚向前方上一步，重心移于左腿屈蹲成右剪裆（右虚步）。目视前方。（图2－32）

图2－31

图2－32

三十一、退步右掌

右脚向后方收退一步蹬撑，左腿屈膝成左弓步。同时，左掌右收，护于右肩前侧，掌尖向上，虎口向内；右勾手变掌向前推出，高与鼻平，掌尖向上。目视右掌。（图2－33）

图2－33

三十二、顺手牵羊

上体向右后转身，两脚原地扭转，膝部略伸成右剪裆（高虚步）。同时，右掌变勾手收提屈肘护于头右侧方，勾尖向下，虎口对右耳部；左掌随转身向前推出，高与鼻平，掌尖向上。目视左掌。（图2－34）

三十三、神仙倒脱

左掌下收，绕左膝上收抱拳于左肋前侧，拳心向上；随之，左脚稍起，由左翻身向前上进一步，屈膝成左弓步。同时，右勾手变掌随左脚踏地向前推出，高与鼻平，掌尖向上。目视右掌。（图2－35）

图2－34

图2－35

三十四、猿猴坠枝

左拳变掌搭于右腕上，右掌变勾手，随身缩回护于右耳侧方，勾尖向下。同时，左脚向右脚内侧收拢点步，脚跟悬提，右腿屈膝下蹲，上体侧向右前方，扭头。目视左前方。（图2－36）

图2－36

三十五、就地旁踹

两手动作不变。右脚就原地稍起而仍落步于原地，左脚就原地向前弹踢而出，脚面绷直，高与裆平。目视左脚尖。（图2－37）

三十六、千斤坠地

左脚向前落地，右脚迅疾向前进一步，重心落于左腿屈膝全蹲，右腿伸直铺地，成右埋裆（即右仆步）。同时，左掌护于右肩前侧，右勾手变拳由肩前以贯拳直击右大腿内侧地面。目由注视右拳转视右前方。（图2－38）

图2－37

图2－38

三十七、提足左掌

左腿伸膝直立，右腿屈膝提起，脚尖勾紧向左收，左膝略屈成左独立势。同时，右拳变掌上收护于左肩前侧，掌尖向上；左掌向前方推出，高与鼻平，掌尖向上。目视前方。（图2－39）

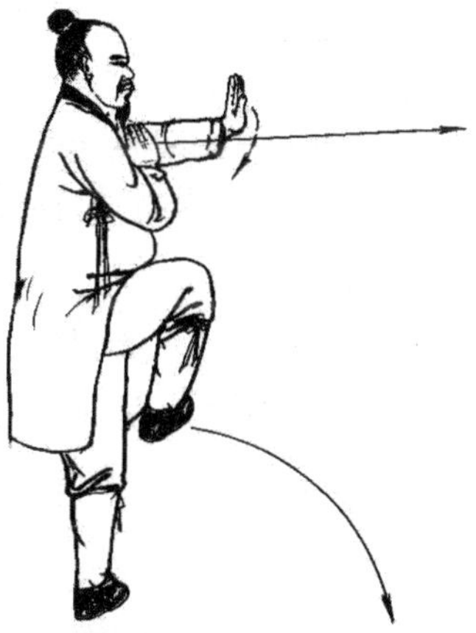

图2－39

三十八、推窗望月

右脚向前方落步，屈膝成右弓步。同时，左掌向回一缩，至左胸前与右掌向前双封（推出），右掌在前，高与鼻平，掌尖向上；左掌护于右肘弯内侧，掌尖向上，掌心向前。目视右掌。（图2－40）

三十九、转身双推

两掌向下绕过左膝，两脚同时原地拈步，左转身变为左弓步。同时，两掌向前推出，虎口向上，掌心相对，高与腹平。目视双掌。（图2－41）

图2－40

图2－41

四十、拨云见日

1. 两掌由左向右一摩，左掌变拳抱于左肩前方，高与鼻平，拳面向上，拳心向右；右掌变拳护于胸前。同时，右脚向前踢出，脚尖勾紧，脚底向上，高与头额平。(图 2 -42)

2. 右脚向后收落蹬撑，左膝屈蹲成左弓步。同时，左拳收抱于左肋前侧，拳心向上；右拳变掌向前推出，高与鼻平，掌尖向上，臂略伸直。目视右掌。(图 2 -43)

图 2 -42

图 2 -43

四十一、转身擒拿

两脚蹬地同时跳起，身体右后转，左脚落步屈膝前蹲，右脚向后落步蹬撑，成左弓步。同时，左拳变掌沿右腕一洗，收回抱拳于左肋前侧，拳心向上；右掌随落步向前推出，坐腕竖掌，掌尖向上，高与鼻平。目视右掌。(图 2 -44)

图 2 -44

四十二、收步左掌

右腿原地屈膝，左脚向内收半步，脚尖点地成左丁步。同时，右掌变拳收抱于肋侧，拳心向上；左拳变掌向前推出，掌尖向上，高与鼻平，臂略伸直。目视左掌。（图 2－45）

图 2－45

四十三、上步右掌

左脚跟落地，右脚向前方上一步，屈膝成右弓步。同时，左掌变拳收抱于左肋前侧，拳心向上；右拳变掌向前推出，高与颌平，掌尖向上。目视右掌。（图2－46）

四十四、风起云飞

两脚同时跳起，左脚向前落步，右脚在后落步，重心落于右腿，屈膝蹲成左虚步。同时，右掌由左向右绕一圈，经左腋下向前发出，掌尖向上，高与鼻平；左拳由左向右沿右臂划下，变勾手向左臀部后侧方反撩出，勾尖向上，臂略伸直。目视前方。（图 2－47）

图 2－46

图 2－47

四十五、上步发马

右掌下落变勾手，向右臀部后侧反撩出，勾尖向上，臂略伸直；左勾手变掌向上挑，架臂亮掌于头额前上方，臂部略屈，掌尖斜向上方。同时，右脚向前方上一步，重心移于左腿屈蹲成右剪裆（右虚步）。目视前方。（图2－48）

图2－48

四十六、退步右掌

右脚向后方收退一步蹬撑，左腿屈膝成左弓步。同时，左掌右收，护于右肩前侧，掌尖向上，虎口向内；右勾手变掌向前推出，高与鼻平，掌尖向上。目视右掌。（图2－49）

四十七、顺手牵羊

上体向右后转身，两脚原地扭转，膝部略伸成右剪裆（高虚步）。同时，右掌变勾手收提屈肘护于右头侧方，指尖向下，虎口对右耳部；左掌随转身向前推出，高与鼻平，掌尖向上。目视左掌。（图2－50）

图2－49

图2－50

四十八、神仙倒脱

图 2－51

左掌下收，绕左膝上收抱拳于左肋前侧，拳心向上；随之，左脚稍起，由左翻身向前上进一步，屈膝成左弓步。同时，右勾手变掌随左脚踏地向前推出，高与鼻平，掌尖向上。目视右掌。（图 2－51）

四十九、猿猴坠枝

左拳变掌搭于右腕上，右掌变勾手，随身缩回护于右耳侧方，勾尖向下。同时，左脚向右脚内侧收拢点步，脚跟悬提，右腿屈膝下蹲，上体侧向右前方，扭头。目视左前方。（图 2－52）

五十、就地旁踹

两手动作不变。右脚就原地稍起而仍落步于原地，左脚就原地向前弹踢而出，脚面绷直，高与裆平。目视左脚尖。（图 2－53）

图 2－52

图 2－53

五十一、千斤坠地

左脚向前落地，右脚迅疾向前进一步，重心落于左腿屈膝全蹲，右腿伸直铺地，成右埋裆（右仆步）。同时，左掌护于右肩前侧，右勾手变拳由肩前以贯拳直击右大腿内侧地面。目由注视右拳转视右前方。（图2-54）

五十二、提足左掌

左腿伸膝直立，右腿屈膝提起，脚尖勾紧向左收，左膝略屈成左独立势。同时，右拳变掌上收护于左肋前侧，掌向左；左掌向前方推出，高与鼻平，掌尖向上。目视前方。（图2-55）

图2-54

图2-55

五十三、推窗望月

右脚向前方落步，屈膝成右弓步。同时，左掌向回一缩，至左胸前与右掌向前双封（推出），右掌在前，高与鼻平，掌尖向上；左掌护于右肘弯内侧，掌尖向上，掌心向前。目视右掌。（图2-56）

五十四、探骊得珠

左脚向左前上半步，右脚跟进，脚尖点地，屈膝蹲成右虚步。同时，左掌上挑，架臂亮掌于头额前上方，掌心向上，掌尖向右；右掌收回由肋侧向前下方发出一掌，掌尖向前上方，掌棱向前。目视右掌。（图 2 – 57）

五十五、穿拿反璞

左腿原地伸膝直立，右脚收步于左脚内侧，脚跟靠紧，两脚尖外展成立正势。同时，两掌下收垂于体侧，正身直立，全身放松，调匀呼吸。目视前方。（图 2 – 58）

图 2 –56

图 2 –57

图 2 –58

第三章 武当七星大力鹰爪功

本套功法，属于武当内家功法，共分四势筑基内功和三段外壮功，故称之为七星鹰爪功，又名“七星合演大力鹰爪功”。

一、培元筑基势

（一）两脚略开一小步，正身直立，双掌垂于体侧，呼吸自然，全身放松。（图3-1）

（二）双掌缓缓向两侧平举，成一字平肩势，掌心向下，十指屈扣成鹰爪状。（图3-2）

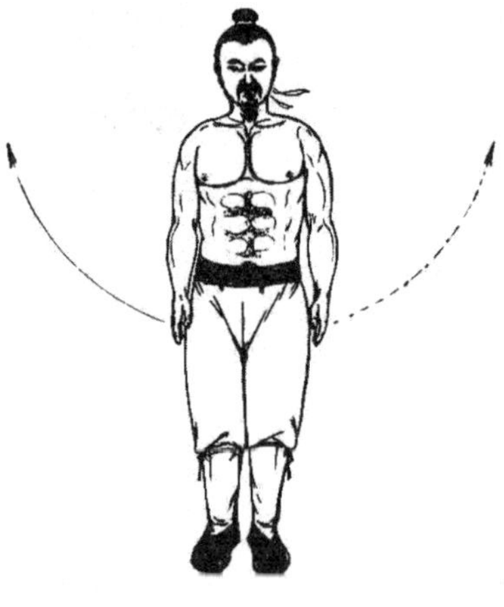

图3-1

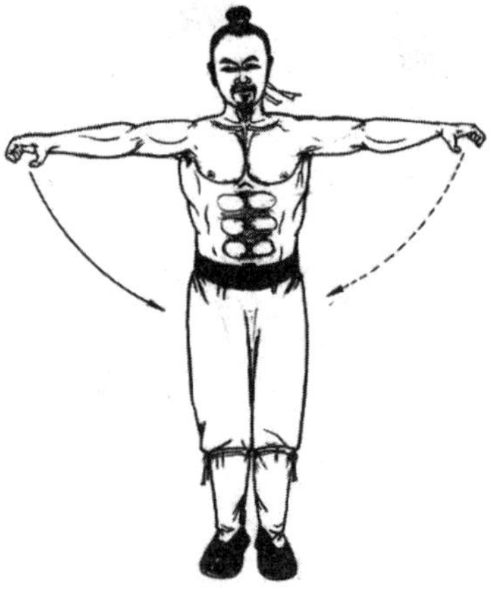

图3-2

姿势站定后，吸气，将吸入之气缓缓纳入下丹田，吸满后闭气2~3秒钟，意念集中于下丹田。呼气，将丹田之气用意想领至膻中穴（沿中脉而上），分两股沿手臂内侧运至两掌劳宫穴、十指尖。此为一循环。

（三）两掌垂于体侧，意守丹田约 3 分钟，吸气一口于下丹田。（图 3－3）

（四）两掌成爪向左右提升，待到与肩平时呼气，意想下丹田之气上升至中丹田，并用两爪用力抓一下。（图 3－4、图 3－5）

（五）然后，双爪缓缓复原，并缓缓吸气，两掌收回至体侧。（图 3－6）

如此，3～5 势为一循环。

（六）双掌垂于体侧。（图 3－7）

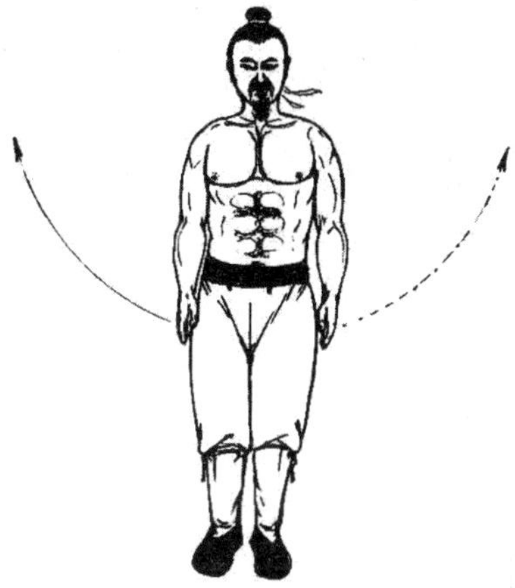

图 3－3

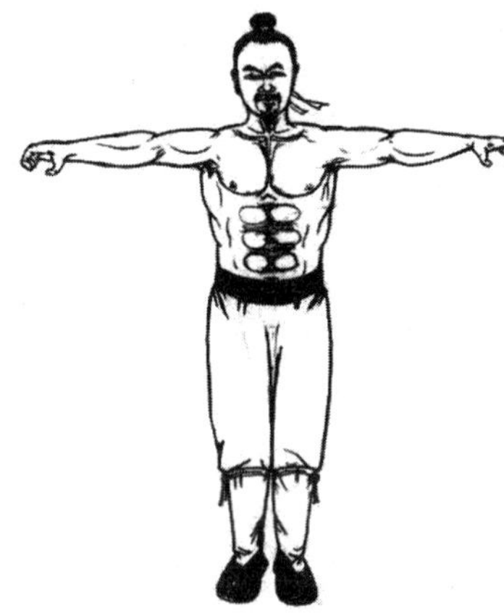

图 3－4

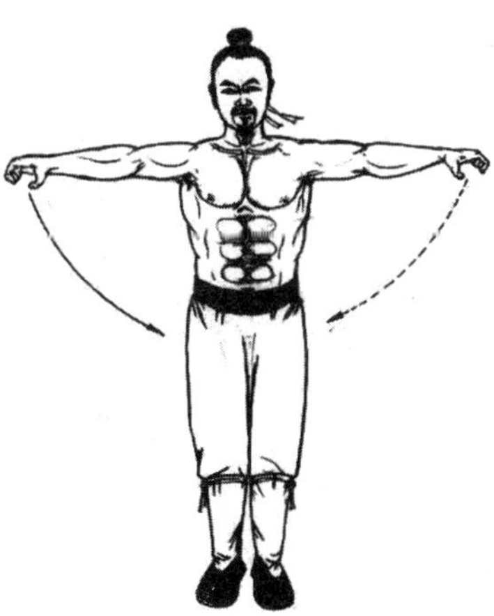

图 3－5

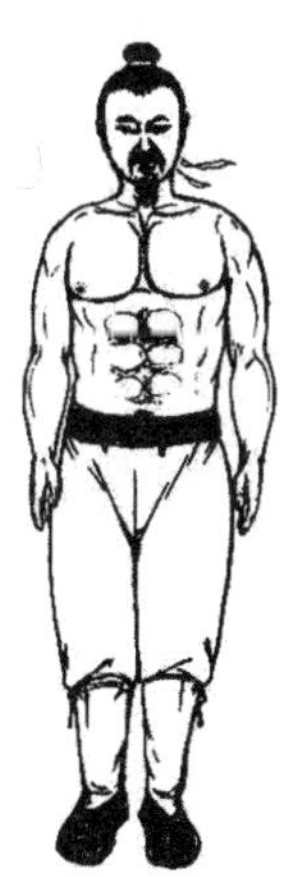

图 3－6

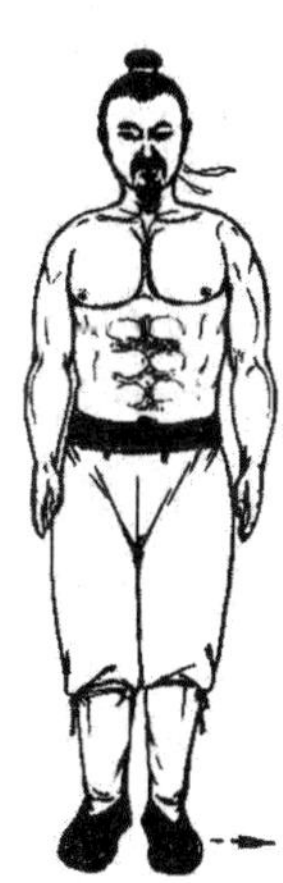

图 3－7

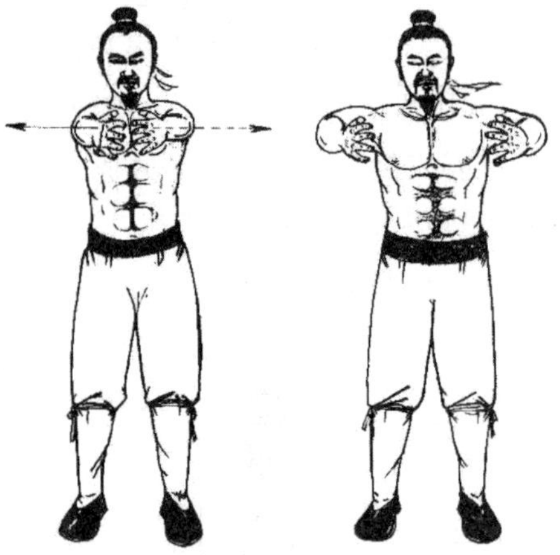

图3－8　　图3－9

（七）左脚旁开一步，两脚间距与肩同宽。同时，两掌向前平举，至与膻中穴持平，缓缓屈臂，双臂成环状，如抱大树，十指屈扣成爪状，虎口向上，爪心相对。目视双爪。（图3－8）

（八）吸气，贯气于双爪，双爪向两侧缓缓拉动（分开），体会双爪之间巨大的吸力。（图3－9）

呼气，全身及双爪充分放松，复原。此为一循环。

培元筑基势为大力鹰爪功最关键的入门功夫，必须认真练习，练时各循环连续练习。一般每日不辍，则一到两个月即感双臂、双掌及十指力道倍增。这时可改练下面“以气化力之功”。

二、力提千斤势

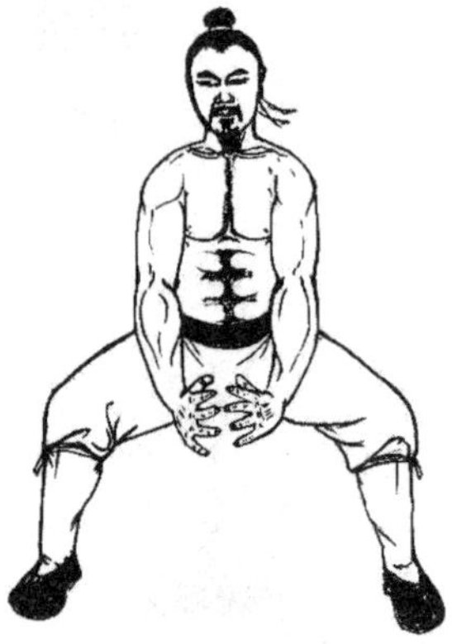

图3－10

（一）吸气，右脚向右横跨一步，屈膝蹲马步桩。两掌置于裆前，虎口向上，爪尖相对，用口将气缓缓吐出，再吸气，意念身前立有一“石块”，双掌夹石，闭气，全身之力运于双掌。（图3－10）

（二）继续闭气，全身肌肉紧张，意想“石块”在双掌夹力之下被缓慢提起，注意腹肌紧收，牙齿紧咬，提至胸前，再缓缓将“石块”放下，呼气。（图3－11）

此式之闭气要求时间较长，应加强呼吸练习，日久功深，双手气力剧增。

三、力拔石柱势

力拔石柱势动作基本与力提千斤势相同。唯易掌为爪，力凝十指，意念十指扣住一圆石柱即可。（图3－12、图3－13）

注意：练习提、拔势时双掌不可相触，否则徒劳无功。

图 3－11

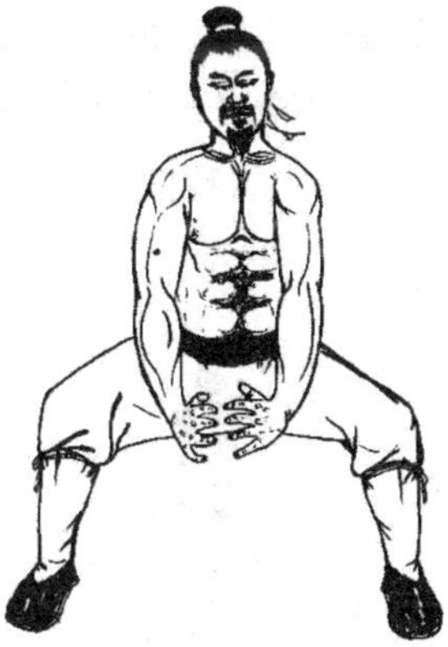

图 3－12

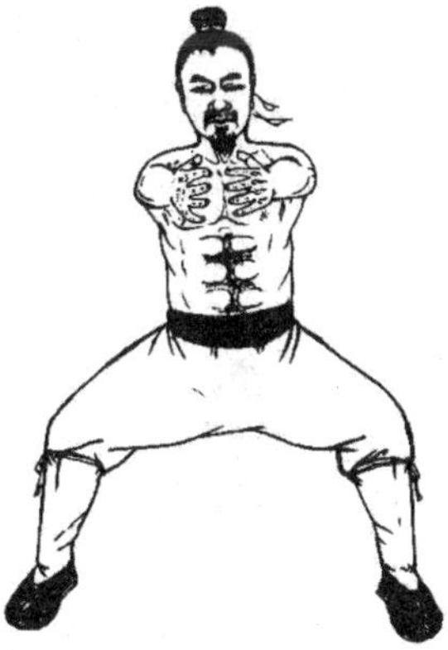

图 3－13

四、力荡石球势

（一）盘坐，双盘、单盘、散盘皆可，双掌互叠，置于丹田，摒弃杂念，意注丹田，放松静养。（图 3－14）

（二）双手十指成鹰爪置于腰际，蓄力双爪，将气吸满，意想手心各抓一石球。（图 3－15）

（三）呼气，双爪向前猛力推出，意念“石球”被爪力一推飞至丈远开外。（图 3－16）

以上为筑基四势，以下为三段强化功夫。

图 3－14

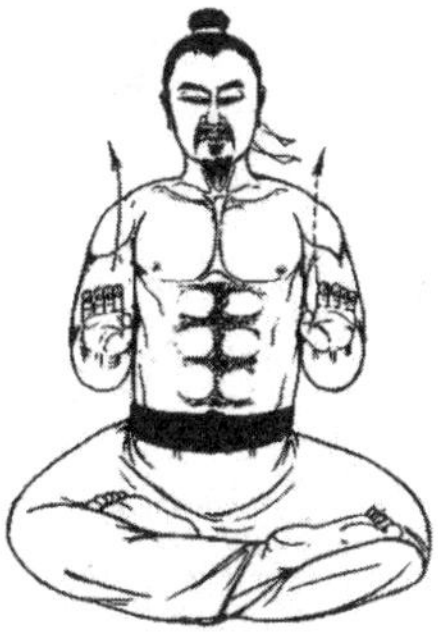

图 3－15

图 3－16

五、刚练鹰爪势

用两个小口之坛，重量以能够提得起，稍加一毫则不能为度，以五指抓住坛口直臂提起，提至肩高，向持坛手同侧水平伸开。凝神敛气于丹田，缓缓地、均匀地呼吸，同时兼练弓步、马步等步法的转换。（图 3 – 17 ~ 图 3 – 25）

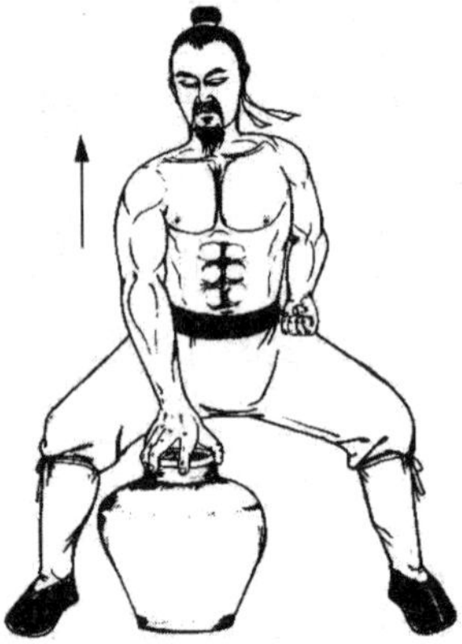

图 3 – 17

图 3 – 18

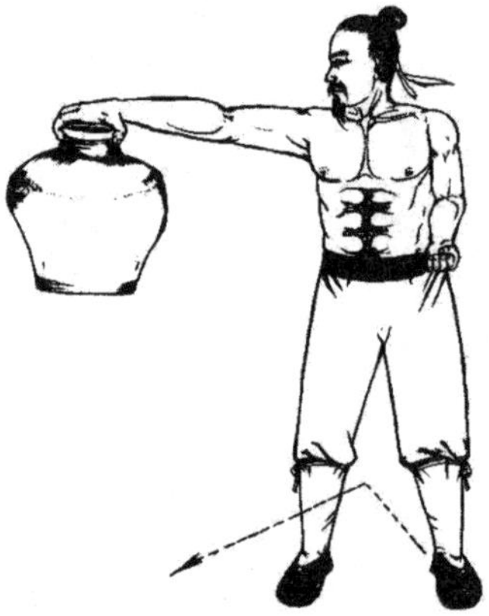

图 3 – 19

图 3 – 20

图 3 – 21

图 3-22

图 3-23

图 3-24

图 3-25

初时必气喘、力疲不能持久，行功日久则不觉费力，且可坚持至半个小时不喘、不汗。此后每隔一段时间便加入 0.5 千克铁屑或沙石，不可贪多，待可持半时之久时，再加铁屑，直至连坛带铁屑重 25 千克止。轻若拈羽，历久不觉其苦，此功为成。此时指力精绝，着于人身，鲜有不折者。

此功夫要循序渐进，精疲力竭时要略事休息，调息数口，待心平气静，再继续练功。不能勉强支撑，以防岔气伤身，得不偿失。

六、柔练鹰爪势

（一）两脚分开，两腿屈膝蹲成马步桩，百会穴与会阴穴连成一线，双掌轻握成拳，拳心向上，置于腰间，聚精凝神，气贯丹田。（图 3－26）

（二）双手成鹰爪，向前伸出，十指分开，指掌分劲，掌心内凹向下，虎口圆撑，意想似去扑抓一重物，臂同肩高，同时缓缓地呼气。（图 3－27）

图 3－26

图 3－27

（三）双爪缓缓挺起，变成爪心向前，适度紧张，使用内劲意想把重物缓缓提起，臂部不动，同时缓缓地吸气。（图 3－28）

（四）呼气，同时双爪外旋缠拧，意想如拉拽千斤重物，缓缓回至腰间。（图 3－29、图 3－30）

图 3－28

图 3－29

图 3－30

如此反复练习，练功次数不限，视体力而定。

此段功夫要注意手臂不可伸直，肘要略屈，肘尖外撑。这一阶段是由实入虚、由阳刚劲转化为阴柔劲阶段。

七、空练鹰爪势

早晨向日，夜晚对月，伸开手指凭空撕抓，伸出之手敛气于爪罩住日月，收回之手将日月之气纳入丹田。（图3-31）

此段功夫纯以凭空得劲，最忌用力，要全身放松，一伸一收皆要缓缓行之。此段功夫练成，可以发阴柔之劲伤人于无形之间，受击之人阴寒之气透入骨髓中，很难救治。但学练此功且忌存伤天害理之邪念，否则当自肇灭顶之祸。

图3-31

第四章 武当大力混元鹰爪功

本功乃武当秘传之法，专练手指抓捏、戳打之劲，功成后双爪如钢钩铁钳，可捏碎砖石等坚物，令敌生畏。

本功结合内功，内外兼修，功效高，不退功，功力强，与普通鹰爪单纯外壮功夫不同，是非常难得的内家上乘爪功。

一、采气筑基

（一）找一个安静地方，盘坐或站立均可。（图4－1、图4－2）

头上顶、肩下沉，全身放松，抛开一切杂念，意守丹田3～5分钟，感到心平气和、内心安静时，意想周围真气弥漫，自己身处其中，默念数遍“我在真气中，真气在我中”，并细细体验意境。

接着，采用自然呼吸，即吸气时小腹自然鼓起，呼气时微收小腹。吸气时意想把一股真气从头顶百会穴吸入到膻中穴，呼气时真气沉入丹田。呼吸要注意顺应自然的深、长、匀、缓，若有若存，吸入的真气要柔和地沉入丹田。按上法练功半小时（或更长时间），小腹胀实，有充满真气感时则意守一会儿丹田即可收功。

（二）收功时，搓热双掌干洗脸几遍，再散步一会儿即可。（图4－3）

图4－1

图4－2

图4－3

此功锻炼日久会在小腹丹田处形成一团热气，即“内家混元真气”。随着功力加深，真气汇聚成团，此时可以使用内气，以意贯劲大增爪力。

二、练爪内功

练习采气筑基功法 90 天左右，再练习此内壮法。

（一）在床上或地上盘膝坐好。(图 4－4)

（二）放下一切杂念，平心静气，绝虑调息，意守下丹田 3～5 分钟，感到腹部有温热感时，双手手指微屈成爪，爪心向上置于小腹前。(图 4－5)

（三）吸气时双爪提至胸前，同时，意领真气从丹田升到膻中穴；呼气时双爪内旋成爪心向外，缓缓推出，像用千斤之力推一座大山，意念真气从膻中穴分两股，沿手臂内侧到达劳宫穴，从劳宫穴与十指尖猛烈急吐，意想内气发出无限远。(图 4－6)

（四）吸气，把推出之双爪缓缓收回，意想如拉千斤之物，同时，意想真气从无限远收回劳宫穴，再沿手臂内侧到膻中穴。(图 4－7)

图 4－4

图 4－5

图 4－6

（五）呼气，双爪变掌外旋成掌心向上，双掌向上经头顶翻掌下按，当双掌下按至小腹前时，真气沉入丹田。(图 4－8、图 4－9)

上述动作反复为之，力乏而止。

收功时，再盘坐采气一会儿（如腿脚麻木，亦可起身活动一下）。吸气时意想头顶百会穴有一股混元真气从那里吸入膻中穴；呼气，真气沉入丹田，以补内气之耗。

然后，把双掌搓热，干洗脸十余次，走十几步，即可收功。

图4－7

图4－8

图4－9

三、猎鹰扑食

（一）先活动一下指关节，然后成俯卧撑姿势，用十指撑地。（图4－10）

采用顺呼吸法，鼻吸鼻呼，精神内敛，用意念把意、气、劲逐渐凝聚，即练功时不想别事，聚精会神地把自己的注意力、臂力、内气同时凝聚于手掌和十指，练时须细细体验感觉，练功中要不断运气催劲于十指。

时间长短视自己功力而定，应循序渐进，以防损伤手指，功后应按摩手掌及十指，充分放松全身。

（二）十指能支撑5分钟之后，则可用十指做俯卧撑，按上法所述要求，吸气时以意导气慢慢沉入丹田，然后双臂屈肘，缓慢下沉，同时以鼻呼气，胸贴近地面时呼气止。（图4－11）

图4－10

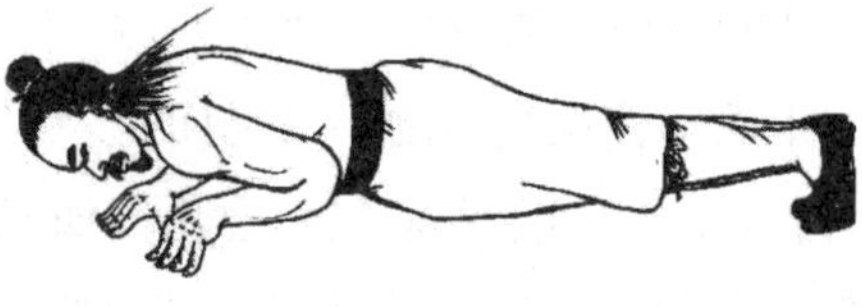

图4－11

随之，双掌手指用力，使身体恢复原状，同时吸气。在身体下沉用鼻呼气的同时，收提肛门和会阴，意引真气从丹田上升至膻中穴，经双手臂内侧贯注双掌劳宫穴及十指。恢复原状时，松肛门和会阴，并意引内气从手臂内侧返回丹田。

如此反复循环，力尽为止。初习此势十余次时，即觉力疲气涌，十指酸胀，腰软头胀。习之日久，可逐日增加次数，至行功百余次而不力乏气涌者，可在背上负重练习。注意此功习后应按摩手指并入静采气一会儿后收功，以加强功效。

四、潜鹰捕鱼

（一）十指着地，身体倒立，脚靠在树或墙上。（图 4－12）

其行功要求、运气路线均同猎鹰扑食功，唯手臂不必屈伸。鼻吸鼻呼，吸气时意想内气到达膻中穴，呼气时内气沿手臂内侧向劳宫穴及十指猛烈泻去；再吸气时仍是意引内气到膻中穴，不必收回内气，以免倒立发生气机紊乱而出现过强反应。

（二）双爪练习至能支撑 5 分钟后，易单手如法练习。（图 4－13）

练后应采气意守丹田以补内气。

图 4－12

图 4－13

五、插力透骨

（一）以缸或桶盛满绿豆，马步桩蹲立于绿豆桶前，意念将意、气、劲凝聚于右掌，吸气时将真气提至膻中穴，然后右掌向绿豆猛插，意念真气迅速到达掌心劳宫穴，充满手掌及十指，不要将气泻出，掌下插同时身微向左转，成左弓步。掌收回时意念将真气沿手臂外侧收回到颈后大椎穴，汇于此再沿胸部返回丹田。(图4－14、图4－15)

图4－14

图4－15

（二）反复习之。练到手发热发麻并有微痛感时，换左掌如法习之（图4－16、图4－17）

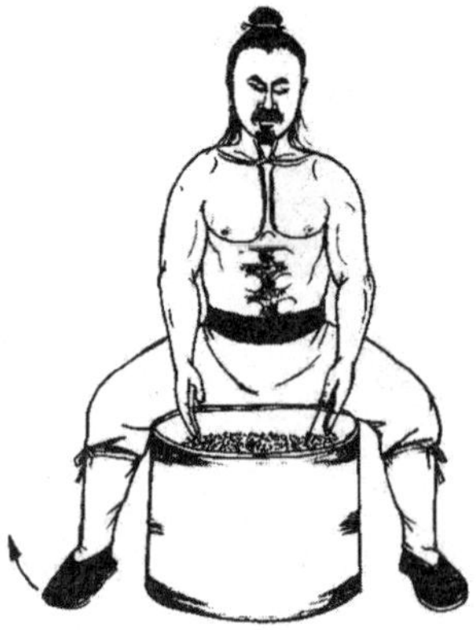

图4－16

图4－17

练完功采气静养后应直身站立，呼气时真气从丹田提到膻中穴，沿手臂内侧注向双掌；吸气时内气从手指沿手臂外侧过胸部返回丹田。如此练 10 分钟，再充分按摩手指及掌部，以防手指的肌肉僵硬受损。

六、日月神功

（一）姿势不限，站立、盘坐、马步桩均可。（图 4 – 18 ~ 图 4 – 20）

然后，双爪从腰间随着吸气提至胸前，意想内气提至膻中。

（二）先练右爪：呼气，右爪内旋，爪心向外，向胸前缓缓推出，意想内气注向劳宫穴并向外发出无限远；吸气，右爪缓缓收回，意想发出之内气混和太阳的金色光华成混元真气，从无限远收回进劳宫穴，沿手臂内侧到膻中穴，呼气时沉于丹田。再练左爪，方法与右爪相同。（图 4 – 21 ~ 图 4 – 23）

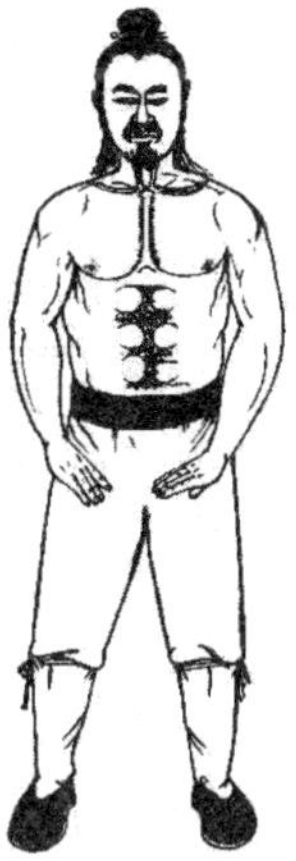

图 4 – 18

图 4 – 19

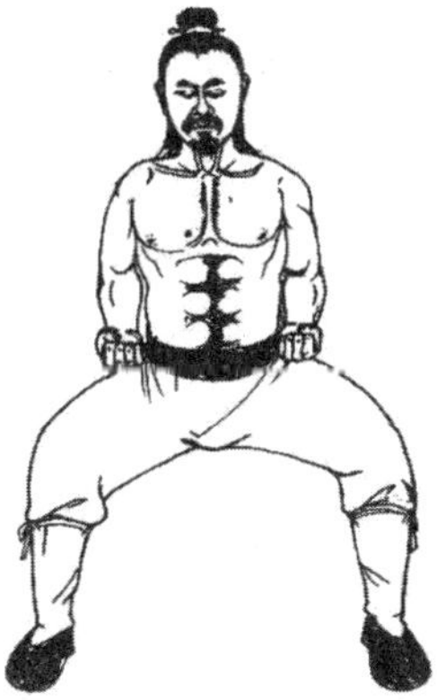

图 4 – 20

图 4 – 21

图 4 －22

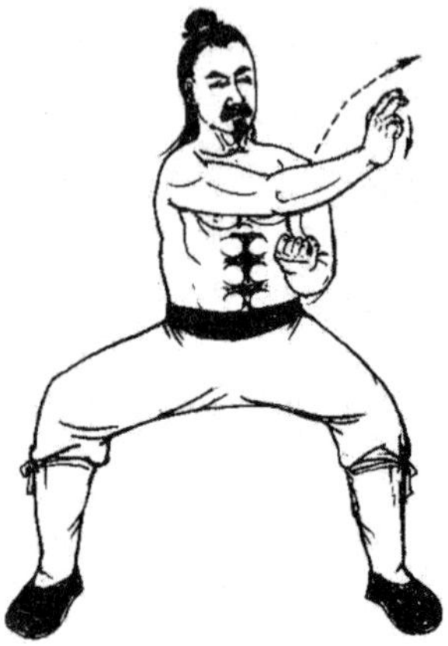

图 4 －23

早上面对初升的太阳，凝神定气，先调息片刻。夜晚对月也可如法练功，但面对太阳练功只能对早上的太阳，初一、十五对月练功更佳。不具备内气基础者禁练此功。

如此反复修习，感觉丹田中真气充满了即可收功。搓热双掌，干洗脸 10 余遍，再随便散步一会儿即可。

本功久练之后可以体察到阴阳之气于体内穿行，此时意领气走，将阴柔之劲聚于指爪，可发于指掌，用于技击，威力无穷。其成功之关键在于运自身之气于指爪，然后将自身之气和日月之气纳回己身。此种功夫一般人难以理解，可向精通内功者请教，当可明白其中奥义。

第五章　武当玄鹰门大力鹰爪功

武当玄鹰门鹰爪功，乃武当正宗，内外兼修，以柔致刚，以气御力，“生擒活拿，犯者立仆”，威震武林。

一、意　力

（一）静　势

1. 两腿微屈，两脚平行，与肩同宽。双掌垂于身体两侧，意守丹田，全身放松。（图 5－1）

2. 将双掌缓缓自身体两侧平举，臂与肩平，掌心向下，十指挺直。（图 5－2）

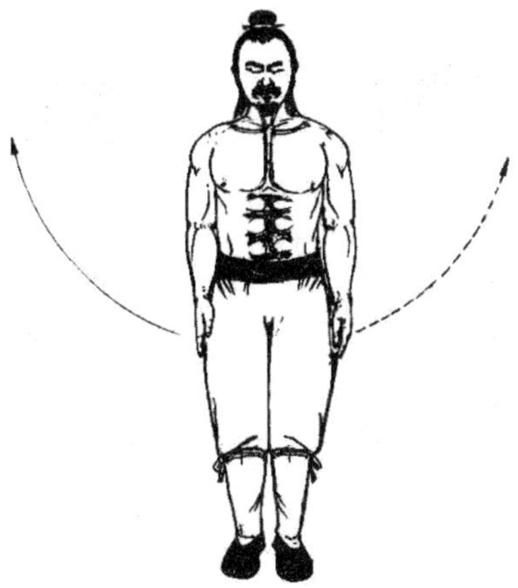

图 5－1

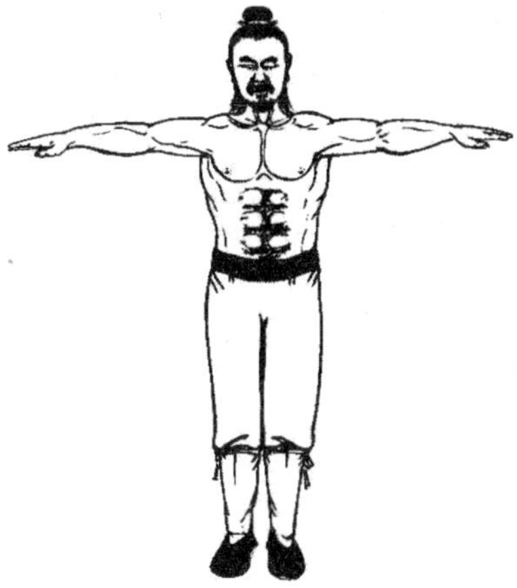

图 5－2

吸气，意想将气缓缓纳入丹田。闭气 2～3 秒钟，意念仍存丹田。呼气，将丹田之气用意念运至双掌及十指。

（二）开　势

1. 接静势，双掌下垂至身体两侧，而后，两掌平行前抬，至与膻中穴持平，缓缓屈臂，双掌成鹰爪，如抱球状。（图 5－3）

2. 吸气，运气贯注于双爪，力贯十指，双爪如拽一个拉力器（意想其他物也行，如弹簧等，但意念要切实），向两侧缓缓拉开。（图 5－4）

呼气，全身、十指充分放松，恢复原位。

（三）合　势

两爪向前平伸至肩平，两手劳宫穴相对，意守两爪，至有热胀感时，呼气，两爪内合，如按压一气球，使其里瘪。

再吸气，两爪徐徐再向左右拉开。

不断拉开内合，如此反复行之。（图 5－5、图 5－6）

图 5－3

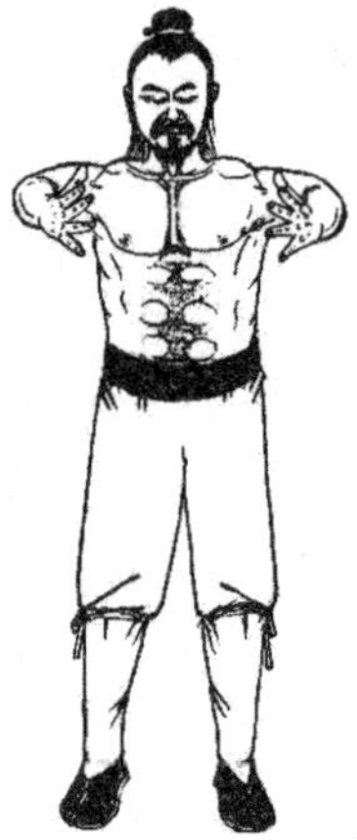
图 5－4

图 5－5

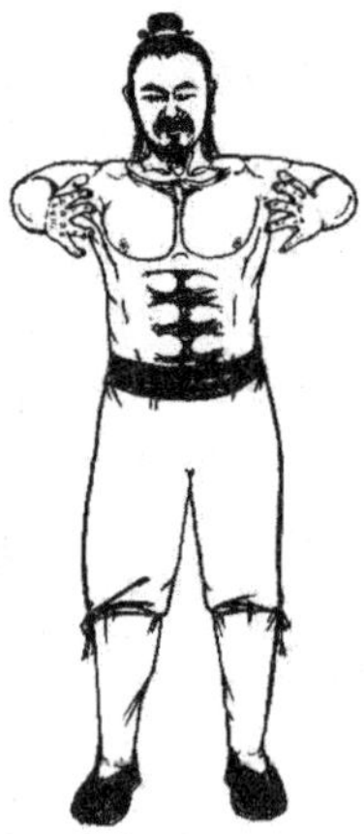
图 5－6

（四）夹　势

动作与静势开始相同。

1. 吸气，右脚向右横跨一步，两腿屈膝下蹲，两掌置裆前，掌尖向前，用口将气缓缓吐出。再吸气，意想身前立有一块适度高、适度厚、适度宽之方石，双

掌夹石，闭气，全身之力运于双掌。（图 5 -7）

2. 继续闭气，全身肌肉紧张，意念“方石”在双掌夹力之下被缓慢抬起，注意腹肌紧收，牙齿紧咬，提至胸前，停止向上。（图 5 -8）

3. 再缓缓将“方石”放下，同时，用鼻呼气。（图 5 -9）

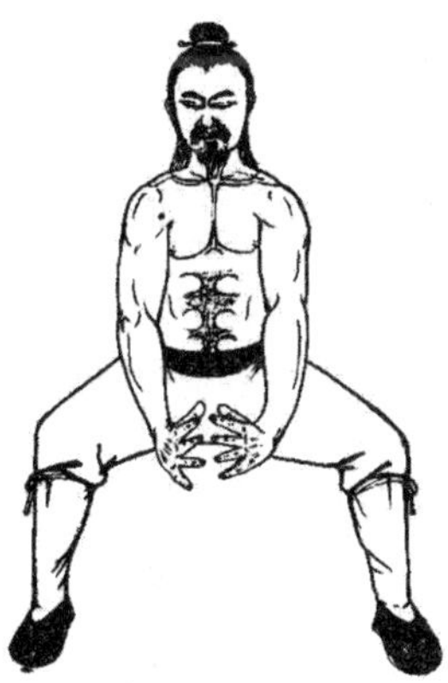

图 5 -7

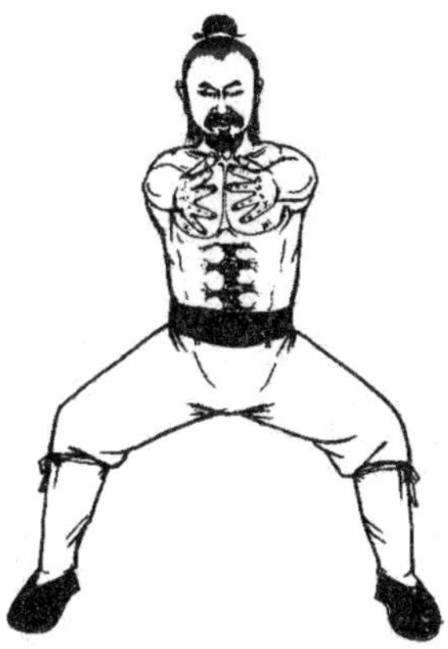

图 5 -8

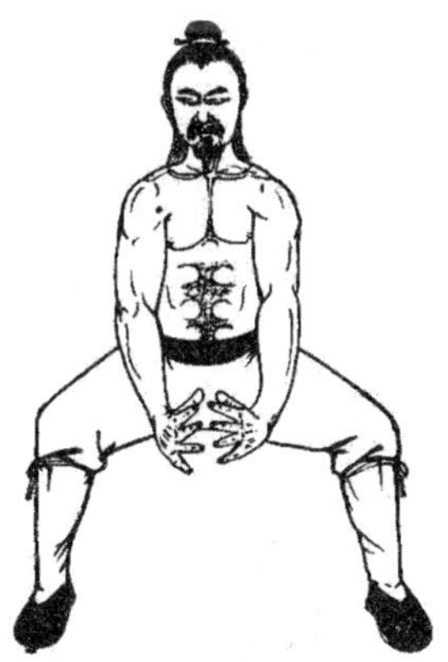

图 5 -9

（五）扣 势

练习夹势一段时间后再练此势。易掌为爪，力凝十指。动作要求基本上与夹势相同，唯意想双爪扣提圆石柱。（图 5 -10 ~ 图 5 -12）

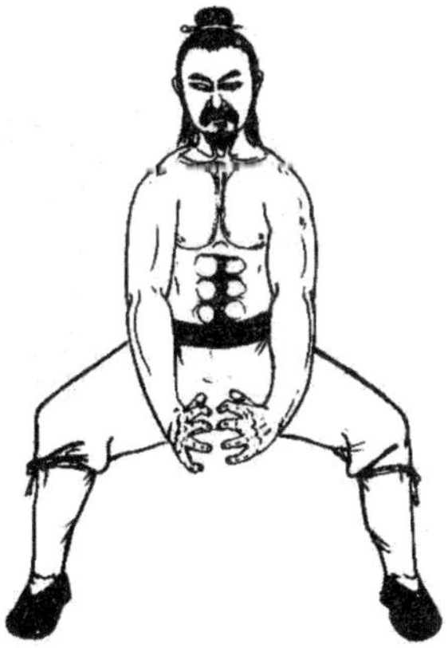

图 5 -10

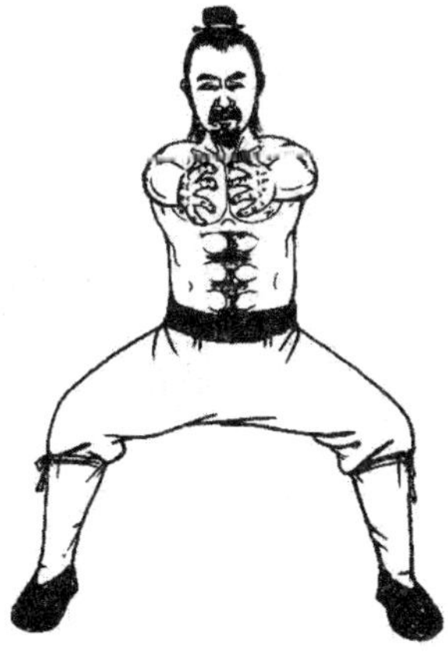

图 5 -11

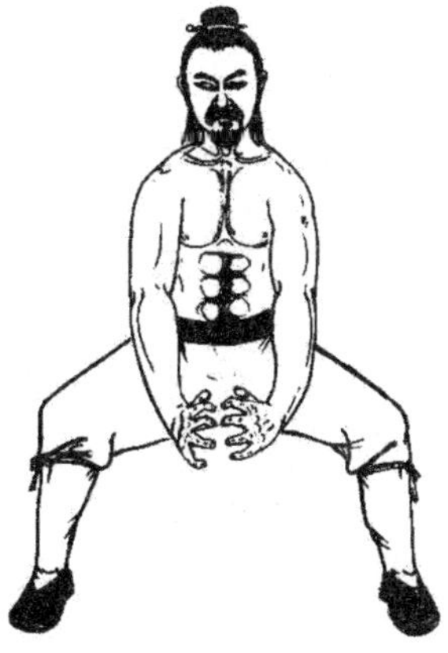

图 5 -12

注意：练习夹、扣两势时双手不可相触。

（六）推

1. 对墙适度距离，盘坐（双盘、单盘、散盘皆可），双掌互叠，左掌在上，右掌在下，置于丹田，摒弃杂念，意注丹田，放松静养。（图 5－13）

2. 双掌十指成鹰爪，置于腰际，爪心向上，虎口向外，双爪蓄力，将气吸满。（图 5－14）

3. 呼气，同时，双爪缓缓沿身体抬至胸前，并向前推出，意想面前之墙，被双爪缓缓推倒。（图 5－15、图 5－16）

此势为玄鹰门鹰爪功最关键的入门功夫，必须认真练习。一般每日不辍，则 1～2 月即感双臂、双掌及指尖力道倍增。

图 5－13

图 5－14

图 5－15

图 5－16

二、通臂劲

（一）双 爪

1. 两掌撑地与肩同宽，两腿伸直并拢，两脚尖撑地，百会穴与会阴穴呈一线，腰挺直，不可陷下去，舌舐上腭。（图 5－17）

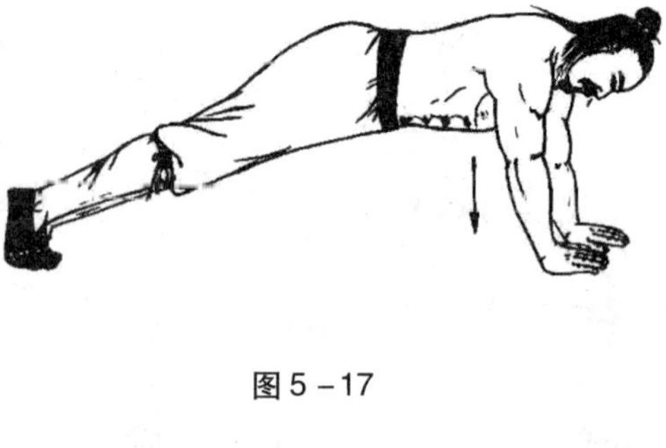
图 5－17

2. 吸气时，双臂弯曲，使身体贴近地面。(图 5－18)

呼气时，双臂慢慢推动身体离开地面。双臂伸直，还原预备势，再做第二次。

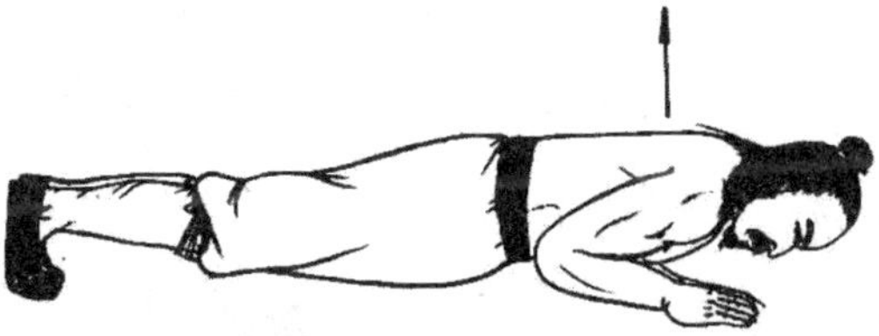

图 5－18

3. 本势练功 14 天后，将小指减去，再练 14 天，将无名指减去，这样每 14 天减去一指。最后以双手食指支撑全身。(图 5－19)

练到两手食指能支撑身体练功 15 分钟，则此功初有火候，再换单爪练习。

(二) 单　爪

1. 右手成爪，以爪指面支撑于地。臂伸直，两腿也伸直，以右脚外侧着地，身体侧卧，左脚搭于右脚上，左拳向左侧伸直，百会穴与会阴穴呈直线。(图 5－20)

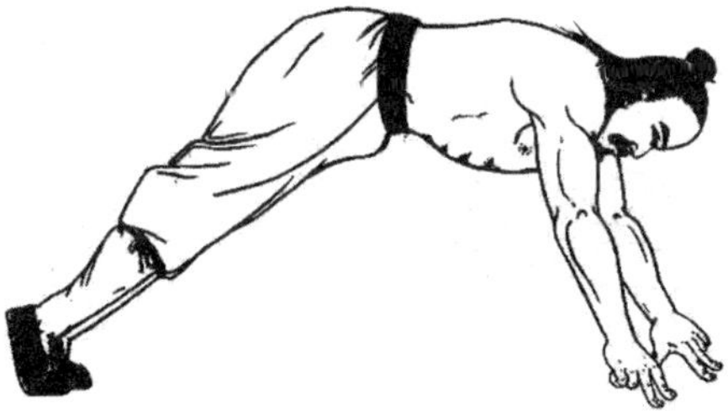

图 5－19

图 5－20

2. 右臂屈肘时，身体下降使右胸贴近地面，左拳不动，气从鼻中吸入。（图5－21）

3. 略停片刻，右臂推撑，伸直还原，在右臂伸直时，以鼻把气呼出。（图5－22）

图5－21

图5－22

坚持数次之后，换左手进行，方法要领与右手相同。这样双爪交替练习，每14天减去1指，练至能以食、中二指撑地练功30分钟方算有功。

4. 在每次练功中减去一指的同时，可用砖将脚的位置垫高，至能将身体完全倒立，则此势大成。（图5－23～图5－25）

图5－23

图 5 –24

图 5 –25

三、抛　袋

（一）交　叉

两脚开立，屈膝弯成马步，右手抓沙袋置于右大腿里下侧。接着由下向上、向右前方抛起，同时，左手屈肘向上将沙袋接住。然后再由下向右上抛起。左右交替，反复进行。（图 5 –26 ~ 图 5 –29）

图 5 –26

图 5 –27

图 5-28

图 5-29

（二）背　抛

两脚开立，屈膝半蹲成马步。右手接沙袋，从右往身后屈肘向左前方抛起，同时左手向上接住沙袋。然后从左经身后屈肘向右前上抛起，同时右手向上接住沙袋。左右交替，反复进行。（图 5-30）

图 5-30

（三）跨　抛

图 5-31

两脚开立与肩同宽，右腿跨起，右手持沙袋经右腿下侧向左前上方抛起；右腿遂下落置于原处，同时左手屈肘上举将沙袋接住。然后，左腿跨起，左手持沙袋经左大腿下侧向右前上方抛起；左腿遂下落置于原处，同时右手屈肘向上接住沙袋。左右交替，反复进行。（图 5-31）

（四）钻　抛

两脚开立，两腿屈膝半蹲成马步，上体前倾，右手持沙袋，经裆下向左后、向上、向前抛起，上体遂复原状，同时左手向上迎接沙袋。然后，上体再前倾，左手持沙袋经裆下向右后、向上、向前抛起，右手屈肘迎接。左右交替，反复进行。（图 5-32 ~ 图 5-33）

图 5-32

图 5-33

作用：主要增强臂、腕、手指的抓力。

要点：沙袋抛扔要与呼吸相配合，以气助力。沙袋抛起的高度、出手的速度、练习的次数，要循序渐进，逐步增强。沙袋的重量，也由轻到重，随着力量的增加、技术水平的提高不断地增加。

四、提　坛

（一）用一小口酒坛，重约 10 千克。双脚分开站成四平大马桩，立于坛前。右手用鹰爪扣住坛口，另一手呈爪状置于腰际，眼平视前方，百会穴与会阴穴呈直线。（图 5－34）

（二）吸气时，鹰爪扣住坛口向上提至与胸同高；呼气时，酒坛随之下降于地。（图 5－35）

图 5－34

图 5－35

数次以后，再换另一手。这样双爪交替练习。每 14 天加细沙 2.5 千克，直至坛口加满，能升降自如，且力不乏、气不涌时，则大力鹰爪功阳劲已练成。此时切忌随便动手与常人开玩笑，以免伤人。

五、捞　月

在练完提坛后，此时指劲已惊人，可再加练抓球之功，效果更佳。

（一）取大号铅球一个（或圆石球），将铅球放于两脚前，双腿站立成四平马步。先以右手五指抓住铅球，并慢慢上升，上升过程中吸气，双眼注视铅球，右手屈臂将铅球向上提至与肩同高，此时气吸满。放开右手五指使球下落，然后立即将下落的铅球抓住，并以鼻呼气。（图5－36～图5－38）

然后再上提，再松脱……如此坚持到臂酸为止。

（二）再换左手习之，方法与右手相同。（图5－39～图5－41）

此势初练时不好掌握，要循序渐进，方可得心应手。学成后，抓住任何东西都不会脱手。

图5－36

图5－37

图5－38

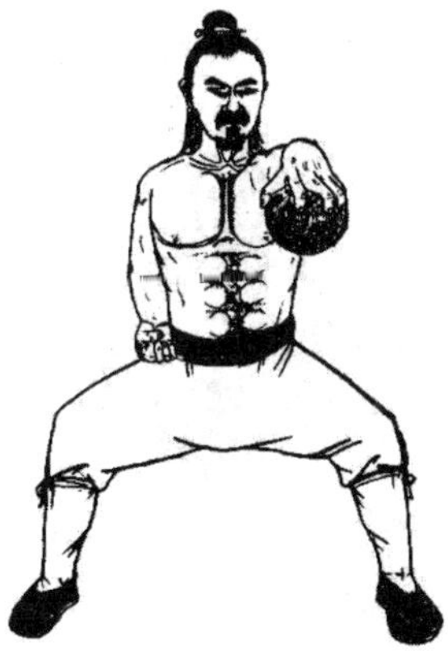

图5－39

图5－40

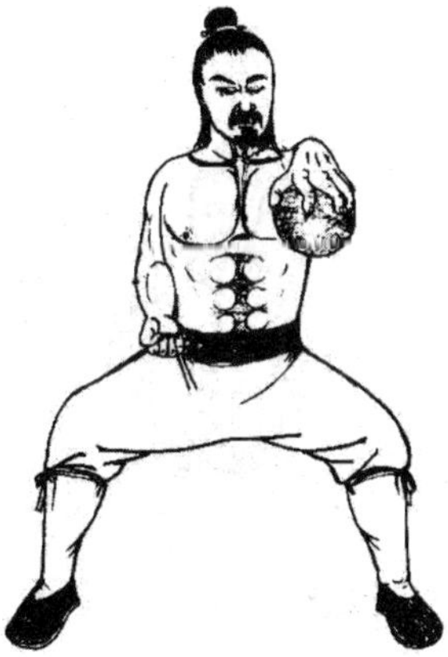

图5－41

六、插　硬

图 5－42

练功时，以桶盛满河沙，马步立于桶前，以鼻吸气。接着，以右掌掌尖对着沙子用力插入，同时以鼻喷气。（图 5－42）

然后，以鼻吸气，同时将手掌抽回。右掌抽回，接插左掌。

如此插沙，配合呼吸，以手指感觉麻木、微痛为度。

待手指头再起老茧，用力插百余次而不觉手痛，指头皮肤亦不破裂时，则可练习插铁砂。

练插铁砂的难度最大，也容易使指尖破裂出血。但是，只要把插河沙练好了，练插铁砂就比较容易。插铁砂要每日坚持不懈地练习，直至满半年后，双手十指利如钢爪。

七、活　劲

此功一则可以练成活劲，为分筋挫骨打下基础，再则也可防治手指麻木的毛病。

（一）两脚分开站成马步，双爪抱于胸侧，爪心向上，聚精会神。（图 5－43）

（二）先将右爪向正前方伸出，爪心向前，速度宜缓；左爪不动。（图 5－44）

（三）手臂伸开后（肘关节不可伸直，应保持微屈，完全伸直则劲僵，微屈可发出阴柔之内劲），再内旋，当旋至爪心向上时，向后收回，回归胸侧。（图 5－45）

图 5－43

图 5－44

图 5－45

动作时要求沉肩坠肘，否则劲力飘浮。推时呼气，回拉吸气，闭口合齿，舌舐上腭，以鼻呼吸，大力内敛。

（四）接着出左爪，练法与右爪同。（图 5－46）

一右一左，依次练习。此功练习时间长短由个人掌握，不可一次练至精疲力竭，过度疲劳则有害无益。

八、化　虚

眼看远方，站好马步，以爪抓出，意想爪到物损，无人可逃。全身自然，不可放松，也不可多加助力（用僵劲）。左右兼练。（图 5－47～图 5－51）

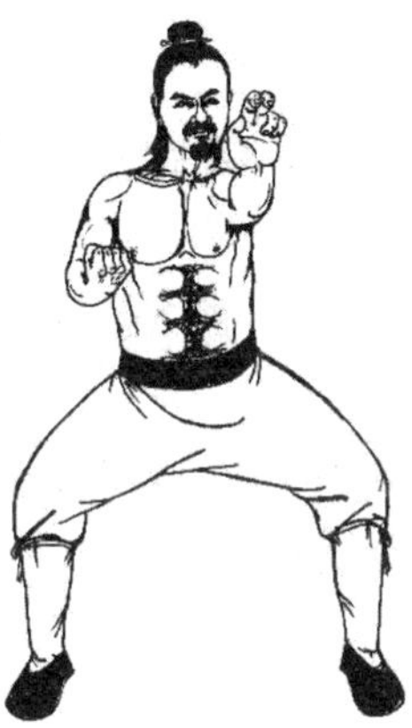

图 5－46

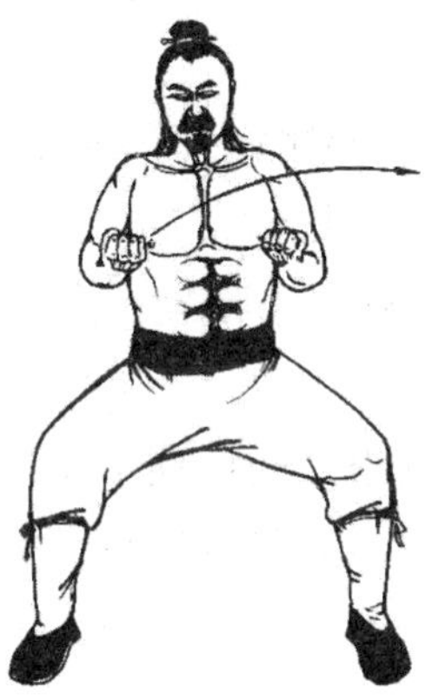

图 5－47

图 5－48

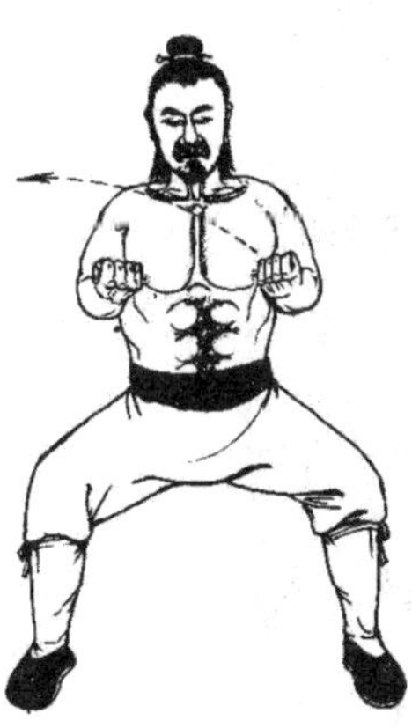

图 5－49

图 5－50

图 5－51

本法务虚练意，不宜过多。但也不可忽视，久练爪上似有外气放出，有阴柔之劲，妙用无穷。此功一般人难以理解，可向修炼内功的前辈老师请教，当可明白其中奥义。

九、防 偏

练习各种指力功夫经常会发生因练法不当或贪功冒进等原因，造成手指轻度麻木或拘挛之症。现将预防方法介绍如下。

（一）在练功后，正身站立，全身放松，眼睛平视，两脚微开，两手掌心向下呈左右侧平举，十指微上翘，自然分开。

（二）肘、腕关节均伸直不动，而肩关节可上下沉浮，即可感觉到双手筋络之张弛。

（三）继而当肩关节下沉时，同侧腕关节亦同时微向下一沉，这样可使十指更加上翘，而筋络的张弛之感亦更加明显。

（四）再继之，两臂可做鸟翼上下扇动之状，以求更明显的筋络张弛效果。（图 5－52）

（五）也可于练功后全身放松，轻松地活动全身，尤应注意多活动腕、指、肘、肩等部位，接着将十指微收，再用力外弹，并配合上肢的自然抖、颤。（图 5－53）

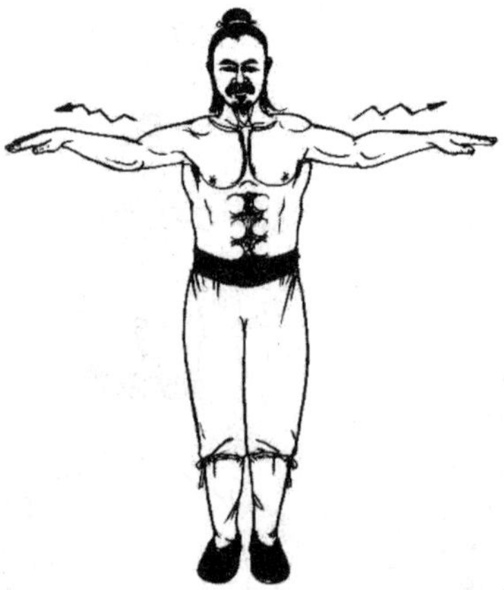

图 5－52

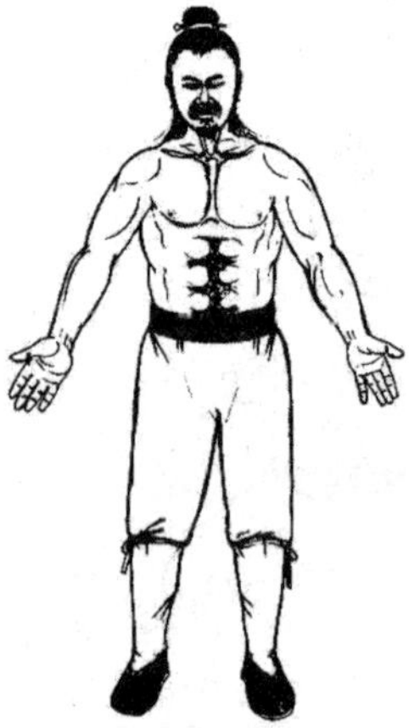

图 5－53

第六章　武当自然派大力鹰爪功

武当自然大力鹰爪功，迥异于世俗之死手练法，其内外兼修，力从内出，自然而然。功成不用之时，与常人无异，外不露形；用时，聚力于指，十指如铁爪钢钩，指力惊人，可伤敌于难测，败敌于无形。

一、静劲鹰爪力

静劲鹰爪力是一种外静内动，以意领气，气运丹田，达于指尖的鹰爪内功练习方法。其既练鹰爪手指内劲，又兼养本培元，以使全身内气充盈，气随意行，达于指尖而致意到气到，气到力到，屈指即如鹰爪之钩。

两脚开立与肩同宽，全身放松，精神内敛，呼吸平缓，气沉丹田。两臂向左右齐肩平伸，张如鸟翼，十指自然伸直稍分开，掌心向下，沉肩（即肩不可耸），手臂放松，以使劲路舒通。百会上顶（即头部虚灵顶劲），下颏微收，唇闭齿合，鼻吸鼻呼，舌舐上腭，目开一线之光，略注鼻端，劲气贯于指端。呼气时，意想丹田之气沿手臂贯于十指指尖；吸气时，意想内气从十指指尖沿手臂回归丹田。（图 6－1）

图 6－1

如此交替循环，至手臂酸软不能坚持，即缓缓放下，再渐开双目，散步数趟，即行功完毕。

初行之时，必感两臂酸软不能久举，每次仅能坚持三五分钟，以后随着功力的增长，每次练功时间可逐渐增加，但以每次 10 分钟左右即可，不必过多。日久即可使内气上聚两臂及十指，渐觉劲达指梢，指劲、内力日增。

行功之时，要配合呼吸，神气贯注于指端。呼吸一如平常，唯要柔和自然，不可过急或过缓。练功时，神要凝，气要静，意要贯。外静而内动（即应与呼吸配合，指尖有微顶之意）。

行功之时，肩不可耸，肘不可垂，应保持上肢平直、放松，以使劲路贯通。呼气时膝盖要稍用力挺直，同时，两手指尖微向外撑（即沿指尖方向略顶），以气促血行由丹田送达于肩，流于肘，抵于腕，而至十指指尖。

二、刚练鹰爪劲

用两个小口坛（重量以能够提得起，稍加一毫则不能为度），以爪抓住提起，提至同肩高，双臂伸直，凝神敛气于丹田，缓缓地、均匀地呼吸，同时，兼用弓步、马步、仆步、虚步、拗步等几种步法进行转换练习。（图6－2～图6－10）

初时必气喘力疲不能持久，行功日久则不觉费力，且可坚持至半个小时不喘不汗。此后每隔一段时间便加入0.5千克铁屑或沙石，不可贪多，待可持半时之久时，再加铁屑，直至连坛带铁屑重25千克止。

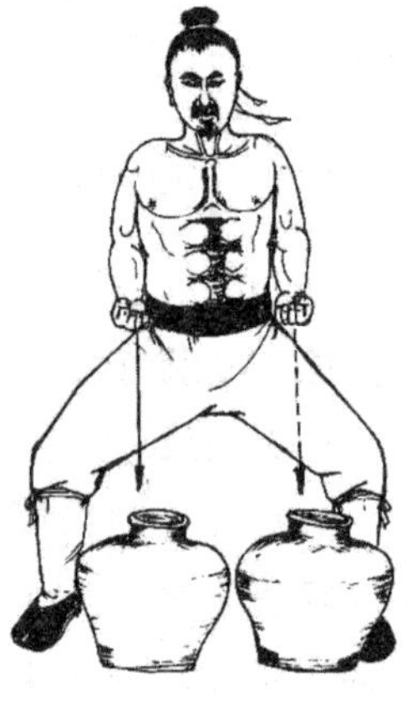

图6－2

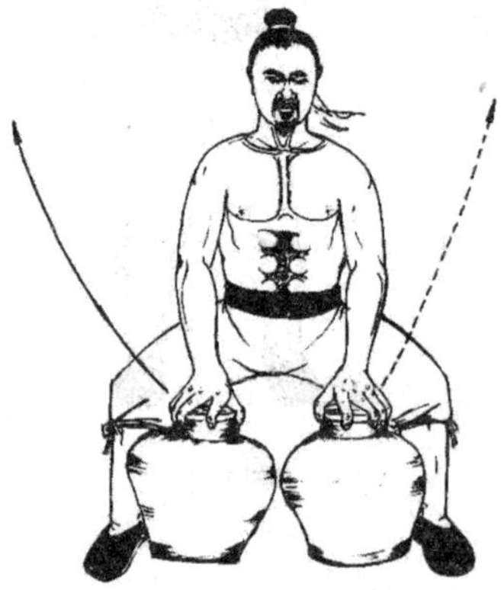

图6－3

图6－4

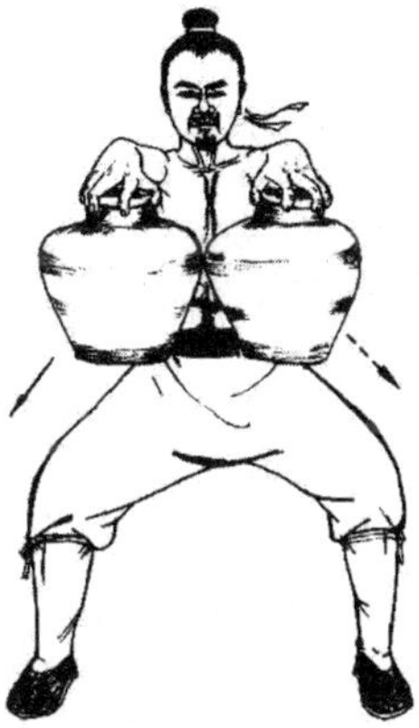

图 6－5

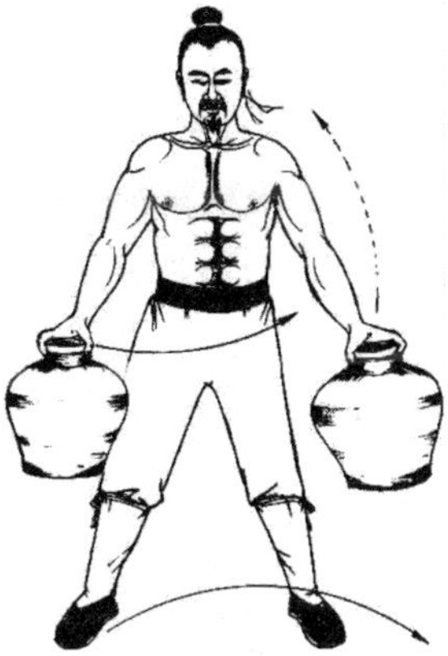

图 6－6

图 6－7

图 6－8

图 6－9

历久不觉其苦，轻若拈羽，此功方为有成。此时指力精绝，着于人身，鲜有不折者。

练习此功要循序渐进，精疲力乏时，要略事休息，调息数口，待心平气静再继续练功。不能勉强支撑，以防岔气伤身，得不偿失。

图 6－10

三、柔练鹰爪力

（一）两脚分开屈膝下蹲成马步桩，百会穴与会阴穴呈一线，双手握拳置于腰间，拳心向上，全身放松，平心静气，聚精凝神。（图6－11）

（二）右拳变爪，掌心向下，缓慢向前抓出，意想爪上蕴有无穷力量（即内劲），同时，缓缓地吸气。（图6－12）

（三）缓缓呼气，同时，右爪缓缓向外用（内劲）旋拧。（图6－13）

图6－11

图6－12

图6－13

（四）呼气不停，右爪旋拧后，再缓缓用内劲向里握扣、向后拉拽，回归原位。（图6－14）

（五）接着换手练习。（图6－15～图6－18）

先右手后左手，练功次数不限，视精力而定。这一功夫由实入虚，即把阳刚之力转化为内家柔劲。

图6－14

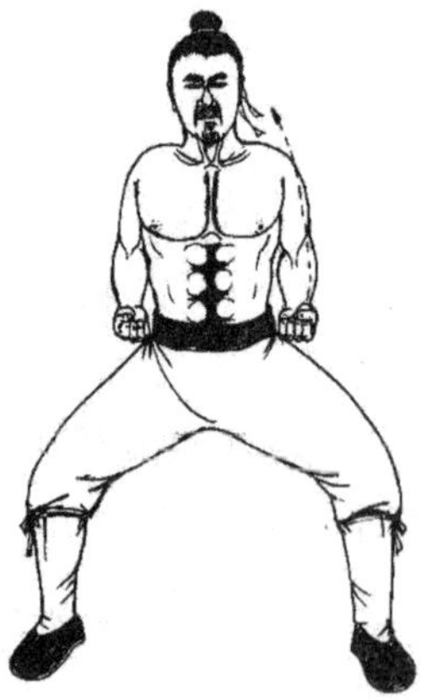

图6－15

图 6 –16

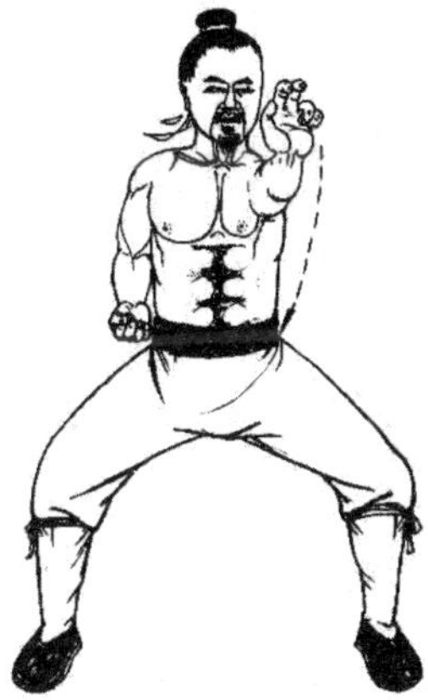

图 6 –17

图 6 –18

四、阴劲鹰爪力

阴劲鹰爪力较前几功为难，此功纯以凭空得劲，最忌用力，要全身放松，一伸一收皆要缓缓行之。

早晨向日，夜晚对月，伸出鹰爪凭空撕抓。伸出时，敛气于爪，似把日月罩住；收回时，将日月之气纳入丹田。

五指着物，其力实，属硬，为阳刚之劲；凭空作势，其力虚，属软，为阴柔之劲。阴阳相生，故先习阳而后习阴，刚柔并用，故练柔以济刚。

五指着物，为练习坚固之基础；凭空为之，可避其阳刚之气，而生阴柔之劲。阴柔之劲，即聚精会神敛气之意，此功成就，可以伤人于无形之间，受击之人阴寒之气透入骨髓中，很难救治。

五、辅　助

准备铁球（健身球也可以）一对，闲暇时即以手把玩。此运动不但可舒通指掌筋络，使手指各关节灵活，且于行功大有益处。（图 6 – 19）

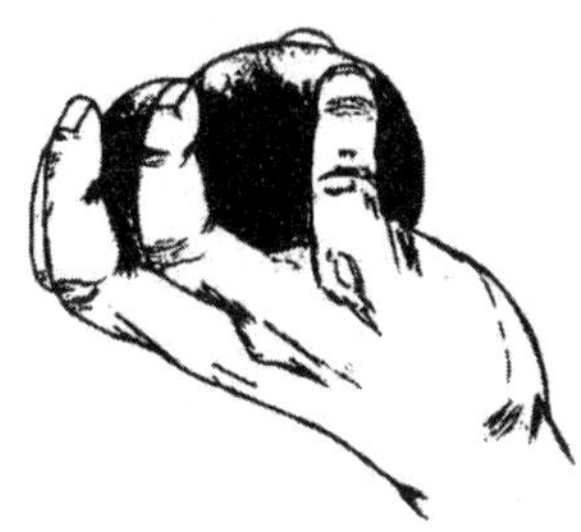

图 6 –19

（一）单爪双球

置双球于单手掌心中，手指用力，使双球在掌心中顺转和逆转。在旋转时要手指紧贴球体，使双球互相摩擦，而不要碰撞。

在上述动作熟练后，逐步达到双球互相离开旋转。手指动作、旋转方向均与上面摩擦旋转相同，只是将手指伸开，用力拨弄双球，使双球在掌心中飞速旋转，而不碰撞。

（二）双爪四球

在单爪练球的基础上，逐步练习两爪四球，即双爪四球一齐旋转。此动作难度大，要求技术高，需充分发挥心意的作用才能做到，但效果要比单手运动更好。

六、收　功

以上功夫，初习要量力而行，不必过多，多则伤气。同时务须左右爪皆练，以收实用之效。

每次练习后，务行收功，几分钟即可。先放松双手十指各关节，舒展手部筋络3分钟以上，然后随便散步数趟，同时摇摆双手，轻蹬两腿，以松筋骨，以顺气血，以散内火，方无后患。有条件者可以药水浸泡双手，两手边浸边互相握揉按摩更佳。

第七章　武当土鹰派大力鹰爪功

土鹰派是注重擒拿的武当民间拳种，其鹰抓功富具传统特色，朴实无华，实用性强。

此套鹰爪功法借助外物，由外及内，内外兼修，功成后全身劲力充沛，十指如铁爪钢钩，可碎石折木。而练法简单易学，只要有恒心坚持不懈，功到自然成。

全套功法共有石锁、石担、砖块、沙包、石笋、瓦坛、竹桩、木桩 8 项训练法，可全练，也可选练。

一、石　锁

（一）提　法

1. 马步桩蹲立，右手抓握住锁簧提起石锁，一般以 25～50 千克为准，提升至胸前，再降落至裆下，至力乏时换手。（图 7－1、图 7－2）

图 7－1

图 7－2

2. 换左手进行提升、降落，轮流练习，次数自定。（图7－3、图7－4）

图7－3

图7－4

（二）举　法

分别备置15千克、20千克、25千克、30千克石锁各一个，练习时，随自身功力增加而变更石锁重量。

1. 面向石锁站立，调匀呼吸，全身聚力。（图7－5）

2. 右脚向右开立一步，两腿屈膝蹲成马步，右手手心向里提握石锁于胯下。（图7－6）

3. 右手翻腕屈臂用力将石锁翻举于肩前。（图7－7）

4. 两腿蹬力伸直，同时，右臂向上伸举石锁于头顶上方。（图7－8）

然后，屈臂收举于右肩前，再上举，反复进行，至力乏后换左手练习，左右手方法一样。

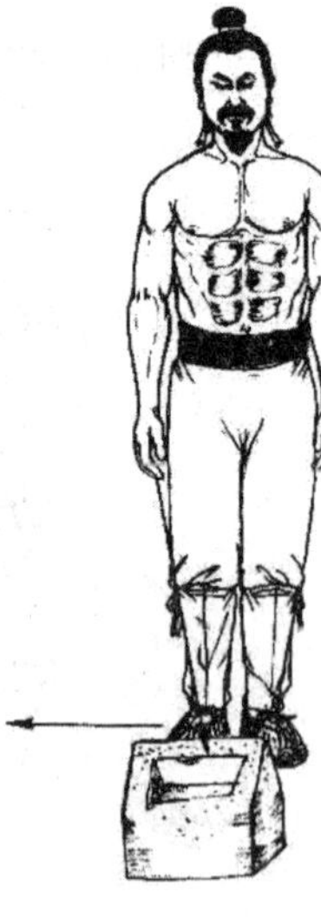

图7－5

图 7 – 6

图 7 – 7

图 7 – 8

（三）揪　法

以一手提起石锁旋转松脱再抓住锁簧的次数的多少来练习手劲。

1. 马步立于石锁前，先用右手下伸抓提起石锁于裆前，左手叉腰（或抱拳于腰际）。(图 7 – 9)

2. 右手猛一用力上提，并旋转石锁之际，松手放开锁簧。(图 7 – 10)

3. 当石锁旋转向下落的刹那间，右手迅速抓住下落的锁簧。(图 7 – 11)

重复上述动作，直至力乏后，换左手练习。

图 7 – 9

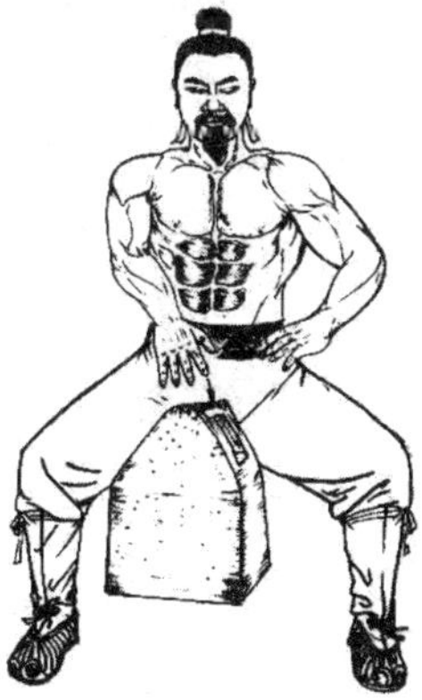
图 7 – 10

图 7 – 11

二、石　担

制备石担数具，以50千克、75千克、100千克、125千克为准。

（一）提　法

1. 两脚开立如肩宽，膝关节微屈，脚趾在横杠下面，然后屈髋，上身前俯，两手握杠，两手距离约与肩同宽。目视前下方。（图7－12）

2. 开始上提时，两手要握紧，臀部及身体重心先下降一点，接着抬起，同时依靠伸腿和伸腰的力量提起石担。横杠高过膝部以后，两臂要用力向上提，腰腿更要用力，脚跟也可稍提起。横杠快提升到胸前时，两腿稍微下蹲，两肘臂向上抬平。（图7－13、图7－14）

保持一会，放下，呼气。然后重复提、放动作，力乏时可稍作休息。每天必须记住提、放次数，每10天增加5次，也可视自己体力而行。循序渐进，不可急于求成。

图7－12

图7－13

图7－14

（二）推举法

1. 两脚开立同肩宽，膝关节微屈，脚趾在横杠下面，然后屈腕，上身前俯，两手握杠，两手距离约与肩同宽。(图7－15)

2. 两手握紧，臀部及身体重心先下降一点，接着抬起，同时，依靠伸腿和伸腰的力量提起石担。横杠高过膝部以后，两臂要用力向上提，腰腿更要用力，脚跟也可稍提起。(图7－16)

图7－15

图7－16

3. 横杠快提升到胸前时两腿稍微下蹲，同时向上翻转手腕，两肘也转到石担下面，停于胸部，使手掌承受石担重量。(图7－17)

4. 紧接着，挺直两腿，两脚踏地。(图7－18)

5. 集中全身力量，两手臂用力垂直地向上做推举动作。上举到与前额水平时，可借腰部的力量（腹部稍挺出）上伸两臂直到完全伸直。(图7－19)

向下放时，先要屈臂放在胸上，两膝稍微下蹲，然后向下翻转手腕，放下石担。

图7－17

图7－18

图7－19

【动作要领】

1. 在准备握杠前做3次深呼吸，握杠上提时吸气，石担压在胸上时短促呼吸一次，闭气举起石担，推举放下时呼气。

2. 握杠时，不要站得太远，要垂直地贴身上提。上举时也要直线上举，两手用力要平均。

3. 翻转至胸上后从胸部向上推举时，握杠的方法可改为拇指贴着食指，五个指头都并列在一起。

（三）挺举法

1. 两脚开立如肩宽，膝关节微屈，脚趾在横杠下面，然后屈腕，上身前俯，两手握杠，两手距离约与肩同宽。（图7－20）

2. 先用弓步或马步的下蹲方法，提起石担放到胸上。（图7－21～图7－24）

图7－20

图7－21

图7－22

图7－23

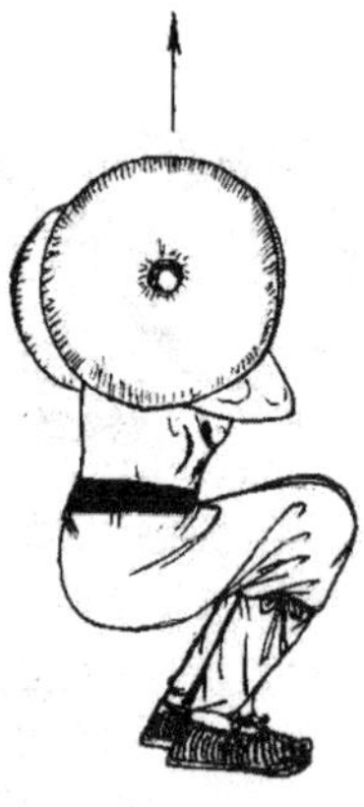

图7－24

3. 起立后再用弓步或马步的下蹲方法从胸上挺举起石担。（图7－25、图7－26）

4. 随后直立，双臂伸直，两脚站稳。（图7－27）

图7－25

图7－26

图7－27

【动作要领】

1. 上提前先做深呼吸，吸气后闭气把石担提到胸上，随后在上挺前做一次短呼吸，吸气后闭气挺起石担，放下时呼气。

2. 上挺时上身不要太向后仰，下蹲时也不要太低。从头上放回至胸上时，稍微屈膝，以减少石担的冲击力。

（四）抓举法

这种举法技巧性较大，对武术的发劲、爆发力训练效果较佳。

1. 两脚开立如肩宽，膝关节微屈，脚趾在横杠下面，然后屈腕，上身前俯，两手握杠，两手距离约宽于肩。（图7－28）

图7－28

2. 横杠提到大腿以上时要借挺身、耸肩、提肘、抬头、提起脚跟的联合动作，用爆发力迅猛地将石担抓起。（图 7 – 29、图 7 – 30）

3. 高过头顶时，手腕向上翻转，两臂伸直。在上抓的同时两腿要迅速前后分开，屈膝下蹲，后腿略弯曲，脚跟提起，用脚前掌撑地。（图 7 – 31）

4. 下蹲以后接着要起立，先伸后位腿，再伸前位腿，前位脚后退半步，后位脚再前移成两脚左右开立如肩宽，手臂、腰腿都要伸直。（图 7 – 32、图 7 – 33）

然后放下。

图 7 – 29

图 7 – 30

图 7 – 31

图 7 – 32

图 7 – 33

【动作要领】

1. 抓举的时间很短，一般都是吸气后闭气抓举，放下石担时呼气。

2. 抓举技巧性较大，一定要成直线上抓。下蹲时，上身要伸直，不要前弯。弓箭步下蹲时，前位脚一定要踏出一步，不要在原地做弓步下蹲。

三、砖　块

（一）推单砖

练习时，两手各持砖 1 块（或者一手抓握两块砖），屈肘置于胸前两侧，手心向上，两脚开立蹲成马步桩，挺胸塌腰，气沉丹田。接着，左右手交替向前推，反复进行。（图 7－34～图 7－36）

图 7－34

图 7－35

图 7－36

（二）推双砖

用 4 块砖，质地不限，红砖、青砖、沙砖均可，以每块 2～3 千克重为宜。初始可用 4 块半截砖，待功力增长后再用全砖，但应记住一条，一手抓住 2 块砖，完全靠指力固定，不能用任何绳线将其捆绑固定，切记！

1. 预备势

两脚开步直立，与肩同宽，全身自然伸直，两手各钳住2块砖，下垂于体侧，手心向下。然后做深呼吸，逆腹式呼吸24次。（图7－37）

2. 马步势

（1）右脚旁摆半步，上体下沉蹲成马步。同时，配合鼻吸气，两手钳住砖块从体侧缓缓抬臂至与肩平，手心向下，此时气刚好吸满。（图7－38）

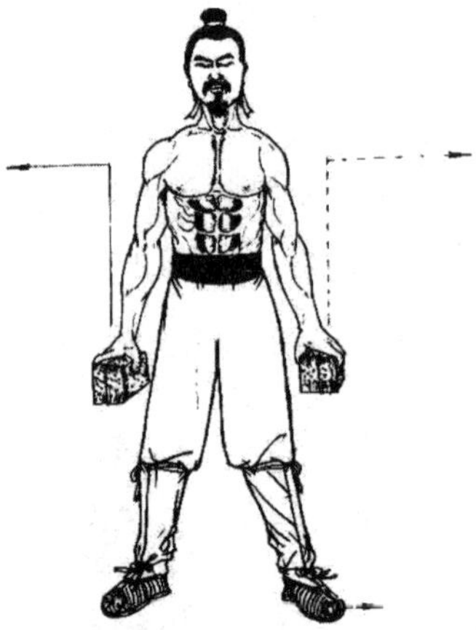

图7－37

图7－38

（2）呼气，两臂屈肘向内收拢。吸气，两手同时缓缓向正前方推出，高与肩平，手心向前，在双臂伸直时，闭息略停数秒。（图7－39）

（3）呼气，将两手收回，闭息，肘、肩部不动，两前臂向外张开，手心向前，略停数秒。（图7－40）

（4）呼气，继之吸气，两手向内合拢，再向左右开展如图7－38势。

此为一遍，照此反复操作12～36遍后，进入下一势练习。

图 7－39

图 7－40

2. 弓步势

（1）承接上势，上体左转，下盘成左弓步。两手钳砖收置于两腰际，手心向内。（图 7－41）

（2）调匀呼吸后，两手内翻将砖竖起，向前方缓缓推出至臂直，同时配合鼻吸气，两手虎口向上。（图 7－42）

图 7－41

图 7－42

（3）接着将手收回腰际，上体右后转成右弓步，用鼻呼气，调匀呼吸。（图

7－43）

（4）两手内翻将砖竖起，向前方缓缓推出至臂直，同时配合鼻吸气，两手虎口向上。（图7－44）

图7－43

图7－44

（5）上体左后转成左弓步，两手收回；随即，左臂伸直，右手钳砖停于左上臂内侧。然后呼气。（图7－45）

（6）身体右后转成右弓步，右手钳砖向右前方推出，左手钳砖向右收停于右后臂内侧。（图7－46）

图7－45

图7－46

如此反复操作 12～36 遍后，进入下一势练习。

4. 打躬势

（1）承接上势，左脚内收伸膝直立，两脚开立与肩同宽。同时，两手钳砖向左右平展臂，砖竖立，虎口向上，调匀呼吸。（图 7－47）

（2）两手向体前内合，身体前俯；两手钳砖向左右略分开，高与踝齐，手心向下，臂伸直，两膝挺直，俯身至头与膝平而止，略停数秒。（图 7－48）

图 7－47

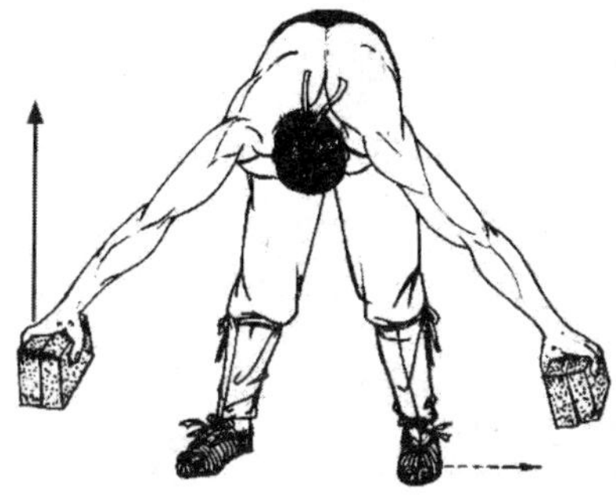
图 7－48

继起身成图 7－47 势，照此反复操作 12～36 遍后，进入下一势练习。

5. 仆步势

（1）承接上势，身体起立后左脚摆移一步，重心右移下沉成左仆步。同时，两手钳砖成手心向上，向左右推移，左低右高，至两臂伸直为止。（图 7－49）

图 7－49

（2）重心左移，伸右腿成右仆步。同时，两手钳砖内收，随仆步之式再向左右伸推，手心向上，呼吸自然。（图 7－50）

（3）右脚内收一步，起身直立。同时，两手钳砖向头顶上举，手心向下，略停数秒。（图 7－51）

练至此处，即为一遍完，反复操练 12～36 遍。

图 7－50

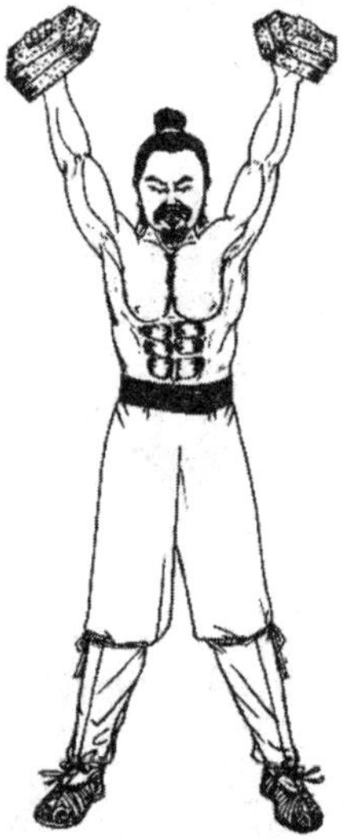

图 7－51

四、沙　包

沙包的配置以 15 千克、30 千克、50 千克不等，单手抓以 15 千克为主，双手抓以 30 千克～50 千克为准。

（一）单手抓法

1. 练习者马步桩蹲立，沙包置于左腿侧，两手置于大腿之上。亦可两手合掌。（图 7－52）

图 7－52

2. 深吸一口气，下沉丹田，转身成左弓步，右手向左脚侧下伸抓起沙包。（图7－53）

3. 右臂向左上方弧形提起，过头顶。随即翻腕将沙包沉至右小腿下外侧（沙包不能落地），成右弓步。（图7－54～图7－56）

图7－53

图7－54

图7－55

图7－56

4. 右弓步稍起，右手用力将沙包抛过头顶，此时吐气，亦可发声。（图 7－57）

5. 待沙包快落地之际，左手立即向右脚前侧抓住落下的沙包，使之不落地（偶然也有抓不住的时候，因沙包落下冲击力大，这不要紧，仍旧从地面上抓起就是）。（图 7－58、图 7－59）

6. 右弓步，左臂向右上方弧形提起，过头顶。随即翻腕将沙包沉至左小腿下外侧（沙包不能落地），成左弓步。（图 7－60～图 7－62）

图 7－58

图 7－59

图 7－60

图 7－61

7. 左弓步稍起，左手用力将沙包抛过头顶，此时吐气，亦可发声。（图 7－63）

图 7－62

图 7－63

8. 目光注视沙包，待沙包即将落地时，右手突然向左脚外侧将沙包抓住。（图 7－64）

9. 右手抓住沙包，身体起立。（图 7－65）

图 7－64

图 7－65

10. 右手抓住沙包甩过头顶至右大腿外侧。(图 7 - 66)

11. 身体稍侧，两腿稍弯从背后将沙包抛至左肩上方。(图 7 - 67)

图 7 - 66

图 7 - 67

12. 眼望沙包，右脚向前跨一步，突然左转身右手又将沙包抓住。(图 7 - 68)

13. 身体继续左转，右脚前上步成右弓步，右手翻腕将沙包沉至右小腿边。(图 7 - 69)

图 7 - 68

图 7 - 69

14. 右弓步稍起，用力将沙包抛起。（图 7－70）

15. 眼望沙包落下之际，左手快速将沙包抓住于右小腿前侧。（图 7－71、图7－72）

16. 左手抓住沙包后，身体立起，把沙包甩过头顶至左侧臀部，身体稍侧，两腿稍弯曲。左手再将沙包从背后抛至右肩上方，眼望沙包。左脚向前跨一步，突然转身左手又将沙包抓住。（图 7－73～图 7－76）

17. 左手抓住沙包后，将沙包抓过头顶随手腕翻转提至小腿下，左弓步稍起。左手将沙包抛出，眼望沙包，待沙包快落地时，突然出右手将沙包抓住。（图 7－77～图 7－79）

右手抓住沙包后，即变成第一势循环抓接练习下去。

图 7－70

图 7－71

图 7－72

图 7 -73

图 7 -74

图 7 -75

图 7 -76

图 7 -77

图 7 -78

图 7 -79

（二）双手抓法

1. 两脚分开，屈膝成高马步桩站立于沙包之前，调匀呼吸后，伸出双手将沙包抓住，猛力提起至裆平。（图 7－80）

2. 双手用力将沙包向头顶上方抛起。（图 7－81）

3. 眼望沙包落下，近头顶之际，双爪上伸抓接住沙包，向上举起。（图 7－82）

以上动作反复进行，不计次数，直至力乏为止。

图 7－80

图 7－81

图 7－82

待功力进步之后，还可以变化提、放、抓等多种花样。比如，在提起沙包的时候，双手有意识地再将沙包在空中旋转、抛接，也可以单用一手抓接等。不可拘泥一势，要练习双爪的灵活抓扣、能发出强大的爆发力就行。

五、石 笋

以麻石凿成圆锥体，上削下广，其底直径约20厘米，小者5千克，最大者30千克。

练者用拇、中、食三指，捏住其尖端。捏时中、食二指在外，拇指在内，指尖皆向下。圆锥石之顶，约居中、食二指之第三节，不可抵住手心。捏住之后，即向上提起。（图7－83～图7－85）

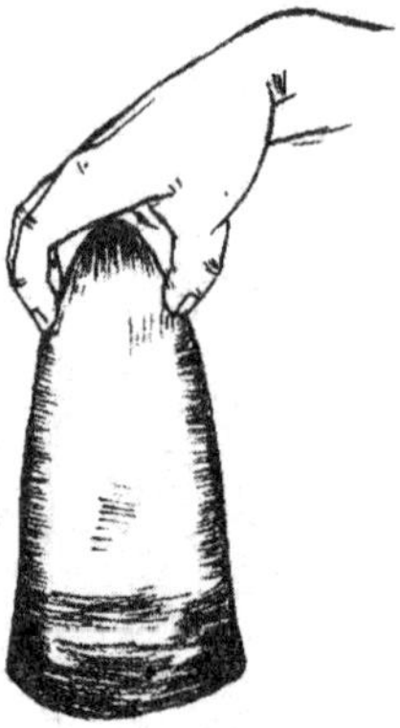

图7－83

图7－84

图7－85

在入手之初，欲以三指竖提十余斤之物，已是很难的事，何况是这种石圆锥，尖锐底广，四周平削，毫无可以借力之处，其难度是可想而知的。所以，起初势必不能应手提起，甚且不可动摇，非经过半年或一年之苦功不可。即使能将石圆锥提起之后，又须练习持久，否则一提起即放下，功劲亦至有限。故提起之后，宜环场而走，初时数步即脱手，功夫渐深，则愈能持久，由数步而数十步，由数十步而数百步，以至于能手提石圆锥，绕场走数十匝，亦不脱手，则可更换较重的石圆锥，依法练习。

量的增加，不宜骤多，每更换时，以加重1.5千克为宜，最多不得过2.5千克，因为骤然增加过多重量以后，行功上必然发生极大之阻碍，而且影响及于全身，甚至受伤。故练功应循序而进，至能以拇、中、食三指捏30千克之石圆锥，而任意提之持久，在1个时辰以上者，则功夫已登峰造极，捏人至伤，捏物洞穿。

六、瓦　坛

1. 预备1个小口大肚酒坛，坛口直径以爪抓坛口感觉自适为度，坛中装入河沙，或铁砂，或小石子等，重量需视各人指力而定，以抓提不勉强为度。（图7－86）

2. 将坛置于身体正前方，两足分开屈膝下蹲马成步桩，双拳抱于腰际。先练右手，右爪伸出，五指紧缩，紧扣坛口。（图7－87）

3. 劲意贯爪（即思想集中于五指尖），吸气，同时，缓缓将坛垂直上提，肘腕微屈，提至平肩为度。（图7－88）

图7－86

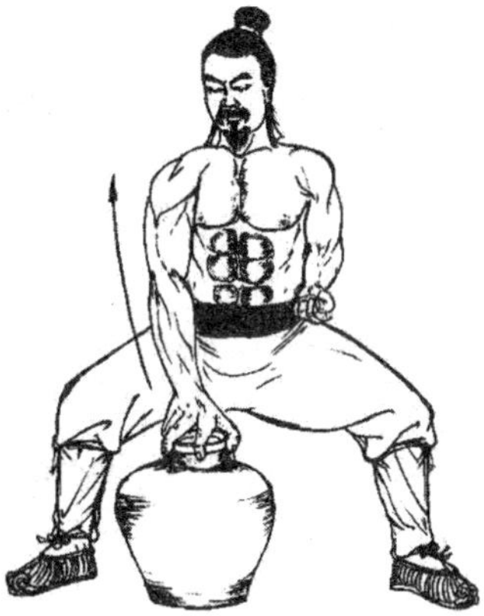
图7－87

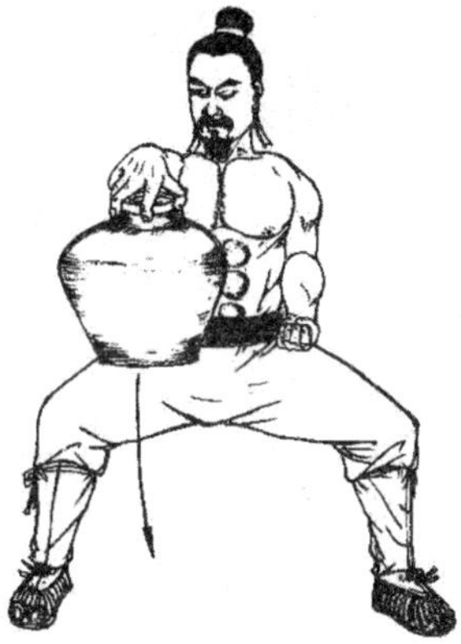
图7－88

4. 稍停，然后呼气，并将坛垂直向下缓缓放回原位。再换左爪，依上法练习。如此循环，乏力即停，稍作休息再练。

为了能够继续增力，且御力自如，除渐渐把坛适度加重外，练功方法也有变异，即把上下垂直提放变为侧提横行，或成圈旋转。

七、竹　桩

选择手能握住的毛竹数根，只留地面上90厘米高度，余上用刀削去，留下一排竹桩备用。

1. 练习者面对竹桩，先伸出右手反握（即虎口向下）住竹桩上端，将竹桩向

身右侧拉压劲。(图 7－89)

2. 右手用劲顺时针方向揪动，直至竹竿破裂。(图 7－90)

左右手交替互换练习，每次以力乏为度。

图 7－89

图 7－90

八、木　桩

将一根木棒固定于地面，练习者用左右手对木桩进行反复的揪扯，直至一手随意即将木桩揪出地面为止。(图 7－91)

图 7－91

后 记

擒拿，是内家武术之精髓，是武当技击之所长。

武当派擅长击打要害、抓筋拿脉、分筋错骨，融踢、打、摔、拿、化、发、放、跌为一体，刚柔相济，阴阳相变，周流圆活，以巧制胜，具有丰富的内容和深邃的机理和哲理，有很高的研究价值和实用价值。

武当派技击的特色就是后发制人，非危困而不发。在技击施用时，注重的是巧劲巧技、一击而制敌的法则。擒拿手更是如此，是斗技斗巧，而非斗力斗拙。

擒拿临阵对敌时，善于用巧劲、施妙招，待机而动，顺势应招，轻取关节，巧施裹缠。只要拿住敌方的一处关节，则应迅速将其前后之连带关节加以裹紧缠死，迫其势背力僵，使之欲化不了，欲走走不脱，有力拼不上，这就是裹缠劲，即裹缠法的特点，也是擒拿法以巧制拙的根本方法。如果拿而不缠，必遭拙打，只有拿住而又缠住了，才能施术得势。我已得势，敌方必然失去反抗能力，急欲脱走或拼力僵抗，而这正是施术者乘势催力、巧用冷疾脆劲打倒或擒伏对手的最佳时机。

擒拿手重视巧技，并不是否定劲力，而是尚巧劲以戒拙力。这是擒拿方法之巧和制敌之妙的特点所决定的。凡是交手应招，首先要观察对手的劲力趋势，或明或暗，要善于引化，使之无机可乘，这就是内家功法的听、懂、化三劲。施用招法，要讲究虚虚实实，善于运变，借敌方之劲，抓准机会发劲，发则必中。若无强大的劲力相摧，怎能拿而擒之呢?

武术技击的实质就是劲力功夫、攻防技术、审机策变。单就劲力而言，凭力论功是片面的。基本功力的大小，在实战中要受到对手的影响与制约，临场的运用与发挥才是关键。两强相持，实力相当时，得势者胜；形势相当，得机者胜；战机相当，得先者胜。这是技击原理之一。

临敌制变，贵在预谋，强者智取，弱者生俘，这是擒拿战术的以巧见长、以计为首的精义。每逢举动，必先料敌，洞察情势。敌无变动，我则待之；乘其有变，随而应之。或奇战，攻其不备出其不意，上惊下取，声东击西，形至奇速，使敌莫知所措，战而必胜；或谋战，含而不露，引而不发，固能而示之不能，诱而取之。

擒拿手是针对人体关节的特性和弱点，依据逆关节施制的技击原理，抓拿肢体关节及筋穴，并加以牵引控制，进而在相互破解演变之中，巧施妙法，迫使敌方的关节反折或超过生理极限的压扭，关节及韧带受挫，当即疼痛难忍而丧失反抗能力被擒。敌方若要拼力硬抗，势必造成骨折筋伤。

擒拿施术，贵在一抓得势，但是这一抓之技，相当讲究。两手相交，不是恃力猛抓，拿住关节后，也不是强扭硬压，若自恃力大而猛抓硬压者，不但因不成技法而难以奏效，一旦碰上行家，必被化解，遭其反拿。

交手接势，应注意轻灵绵随，以粘连为上，运用招法。先抓战机，始宜微动，切忌露形，避免打草惊蛇，一经抓拿得势，要迅速进招，制其措手不及，敌方势必就范。同时，还要善于运用擒拿手所特有的手形手法，准确地抓拿住敌方肢体关节的一定方位，切不可胡乱抓着便误以为得手。须知，如一个腕关节就有正面、背面和桡尺两侧共四个部位，还有偏上、偏下各部位，每一个部位都有不同的擒拿法、招数及变化。因此，不论抓拿任何关节，首先一定要使手法合势，方位拿准，才有巧变的根基。只有抓拿得法，才能巧施妙招，发挥擒拿手的威力，从而达到制其一点而制服全身的奇效。反之，若抓拿不准，必然失势失法，造成手足无措，结果必遭敌方反擒。一抓之技，差之毫厘谬以千里，习者须当悉心揣摩，切实掌握抓拿技法的奥妙。

擒拿手不是“抓住手，别关节”那么简单，手法的巧妙，完全依靠步法和身法的密切配合。身法与步法，是运劲、发劲，展开运动的总机关，无论是进攻，或是解脱变化，每一招都是从腰的转动和脚步的变换开始的。因为擒拿手重在巧制关节，所以注重肩、肘、腕、髋、膝在实战中的巧妙运用。而肩、肘、腕、髋、膝这五大关节，是受拿制的重点目标。制人之器，也是受人所制之器。无论是擒拿法、解法或反拿法，每势每处都体现着肩、肘、腕、髋、膝的巧妙运用。故而，擒拿手要注重全身的协调配合。练就了刚劲有力的擒拿功夫，再结合擒拿招法，二者相辅相成，于临敌应战，自当所向披靡，战无不胜。